LA PAZ PERPETUA

¿QUÉ ES LA ILUSTRACIÓN?

CALAMBUR

2025

LA PAZ PERPETUA

¿QUÉ ES LA ILUSTRACIÓN?

IMMANUEL KANT

TRADUCCIÓN
FRANCISCO RIVERA PASTOR

Título original: Zum ewigen Frieden. Ein philosophischer Entwurf

Primera edición en Calambur: septiembre de 2025

© *de la presente edición:* CALAMBUR EDITORIAL S.L.

c/ POBLA DE LILLET, 4. LOCAL 1. 08028 BARCELONA

TEL.: (+34) 931 708 326

calambur@calambureditorial.com • www.calambureditorial.com

calambureditorial.blogspot.com • facebook.com/CalamburEditorial •

@EdCalambur

Director literario: LLUIS CLARET

Diseño y maquetación: MONTSE MALDONADO GARFIAS

Arte final: SOFÍA CABRERA

Traducción: FRANCISCO RIVERA PASTOR /
MANUEL GARCÍA MORENTE

ISBN: 978-84-8359-119-2

Depósito legal: B-6607-2025

La paz perpetua se acabó de imprimir
en septiembre de 2025.

Impreso en España

ÍNDICE

INTRODUCCIÓN

"Sobre la paz perpetua" (Zum ewigen Frieden. Ein philosophischer Entwurf) es un escrito político de Immanuel Kant publicado en 1795. Como sugiere el título, este tratado busca establecer una estructura global y un modelo de gobernanza para cada Estado que promueva la paz. La obra se divide en 6 artículos preliminares, 3 artículos definitivos, 2 suplementos y 2 apéndices, en torno a los cuales se articula la reflexión. Publicar esta obra de Kant en 2025, con dos guerras todavía en curso como son las de Oriente Medio y Ucrania, es un deseo y un deber para iluminar las zas tan corrientes como establecer parámetros básicos y mínimos para el buen gobierno entre naciones. Kant nos ilustra con normas elementales de derecho internacional, mientras nos administra dosis sutiles de conocimiento de la naturaleza humana: La guerra es mala porque hace más hombres malos que los que mata.

En este ensayo, Kant propuso un programa de paz dirigido a los gobiernos de su tiempo. Se divide en dos partes, destacando dos momentos cruciales para alcanzar la paz perpetua. La primera parte, llamada "Artículos Preliminares", detalla los pasos a seguir de inmediato o lo más pronto posible:

"Ningún tratado de paz secreto podrá dejar implícito un motivo para futuras guerras".

"Ningún Estado independiente, sin importar su tamaño, podrá ser cedido a otro estado mediante herencia, intercambio, compra o donación".

"Los ejércitos permanentes —lat. miles perpetuus— deben desaparecer completamente con el tiempo".

"La deuda nacional no debe ser incurrida para generar tensiones entre estados".

"Ningún Estado debe intervenir forzosamente en la constitución o el gobierno de otro estado".

"Ningún Estado debe, durante una guerra con otro, permitir actos de hostilidad que hagan imposible la confianza en una paz futura, tales como: el uso de asesinos (lat. percussores), envenenadores (lat. venefici), la violación de capitulaciones, o incitar a la traición (lat. perduellio) del estado enemigo".

Acompaña en esta obra el breve ensayo Respuesta a la pregunta: ¿Qué es la ilustración? (1784) En traducción de Manuel García Morente, cuyo párrafo inicial ofrece una definición muy conocida de la falta de Ilustración, describiéndola como la incapacidad de las personas para pensar de manera independiente, no por falta de intelecto, sino por falta de valentía. En su ensayo, Kant también exploró las razones detrás de la ausencia de la Ilustración y las condiciones necesarias para que las personas pudieran alcanzar este estado. Argumentó que era esencial abolir la iglesia y el Estado paternalista para que las personas tuvieran la libertad de usar su propio intelecto. Kant elogió a Federico II de Prusia por establecer estas condiciones previas. Kant se centró principalmente en temas religiosos y mencionó que "nuestros gobernantes" mostraban menos interés en dirigir el pensamiento de los ciudadanos en asuntos artísticos y científicos.

LA PAZ PERPETUA

(1795)

"A la paz perpetua"

Esta inscripción satírica que un hostelero holandés había puesto en la muestra de su casa, debajo de una pintura que representaba un cementerio, ¿estaba dedicada a todos los «hombres» en general, o especialmente a los gobernantes, nunca hartos de guerra, o bien quizá sólo a los filósofos, entretenidos en soñar el dulce sueño de la paz? Quédese sin respuesta la pregunta. Pero el autor de estas líneas hace constar que, puesto que el político práctico acostumbra desdeñar, orgulloso, al teórico, considerándole como un pedante inofensivo, cuyas ideas, desprovistas de toda realidad, no pueden ser peligrosas para el Estado, que debe regirse por principios fundados en la experiencia; puesto que el gobernante, «hombre experimentado», deja al teórico jugar su juego, sin preocuparse de él, cuando ocurra entre ambos un disentimiento deberá el gobernante ser consecuente y no temer que sean peligrosas para el Estado unas opiniones que el teórico se ha atrevido a concebir, valgan lo que valieren. Sirva, pues, esta «cláusula salvatoria» de precaución que, el autor de estas líneas toma expresamente, en la mejor forma, contra toda interpretación malévola.

Sección primera

Artículos preliminares de una paz perpetua entre los estados

1. No debe considerarse como válido un tratado de paz que se haya ajustado con la reserva mental de ciertos motivos capaces de provocar en el porvenir otra guerra.

En efecto: semejante tratado sería un simple armisticio, una interrupción de las hostilidades, nunca una verdadera «paz», la cual significa el término de toda hostilidad; añadirle el epíteto de «perpetua» sería ya un sospechoso pleonasmo. El tratado de paz aniquila y borra por completo las causas existentes de futura guerra posible, aun cuando los que negocian la paz no las vislumbren ni sospechen en el momento de las negociaciones; aniquila incluso aquellas que puedan luego descubrirse por medio de hábiles y penetrantes inquisiciones en los documentos archivados. La reserva mental, que consiste en no hablar por el momento de ciertas pretensiones que ambos países se abstienen de mencionar porque están demasiado cansados para proseguir la guerra, pero con el perverso designio de aprovechar más tarde la primera coyuntura favorable para reproducirlas, es cosa que entra de lleno en el casuismo jesuítico; tal proceder, considerado en sí, es indigno de un príncipe, y prestarse a semejantes deducciones es asimismo indigno de un ministro.

Este juicio parecerá, sin duda, una pedantería escolástica a los que piensan que, según los esclarecidos principios de la prudencia política, consiste la verdadera honra de un Estado en el continuo acrecentamiento de su fuerza, por cualquier medio que sea.

2. Ningún Estado independiente –pequeño o grande, lo mismo da– podrá ser adquirido por otro Estado mediante herencia, cambio, compra o donación...

Un Estado no es —como lo es, por ejemplo, el «suelo» que ocupa— un haber, un patrimonio. Es una sociedad de hombres sobre la cual nadie, sino ella misma, puede mandar y disponer. Es un tronco con raíces propias; por consiguiente, incorporarlo a otro Estado, injertándolo, por decirlo así, en él, vale tanto como anular su existencia de persona moral y hacer de esta persona una cosa. Este proceder se halla en contradicción con la idea del contrato originario, sin la cual no puede concebirse derecho alguno sobre un pueblo. Todo el mundo sabe bien a cuántos peligros ha expuesto a Europa ese prejuicio acerca del modo de adquirir Estados que las otras partes del mundo nunca han conocido. En nuestros tiempos, y hasta época muy reciente, se han contraído matrimonios entre Estados; era éste un nuevo medio o industria, ya para acrecentar la propia potencia mediante pactos de familia, sin gasto alguno de fuerzas, ya también para ampliar las posesiones territoriales. También a este grupo de medios pertenece el alquiler de tropas que un Estado contrata contra otro, para utilizarlas contra un tercero que no es enemigo común; pues en tal caso se usa y abusa de los súbditos a capricho, como si fueran cosas.

3. Los ejércitos permanentes –miles perpetuus– deben desaparecer por completo con el tiempo.

Los ejércitos permanentes son una incesante amenaza de guerra para los demás Estados, puesto que están siempre dispuestos y preparados para combatir. Los diferentes Estados se empeñan en superarse unos a otros en armamentos, que aumentan sin cesar. Y como, finalmente, los gastos ocasionados por el ejército permanente llegan a hacer la paz aún más intolerable que una guerra corta, acaban por ser ellos mismos la causa de agresiones, cuyo fin no es otro que librar al país de la pesadumbre de los gastos militares. Añádase a esto que tener gentes a sueldo para que mueran o maten parece que implica un uso del hombre como mera máquina en manos de otro —el Estado—; lo cual no se compadece bien con los derechos de la Humanidad en nuestra propia persona. Muy otra consideración merecen, en cambio, los ejercicios militares que periódicamente realizan los ciudadanos por su propia voluntad, para prepararse a defender a su patria contra los ataques del enemigo exterior. Lo mismo ocurriría tratándose de la formación de un tesoro o reserva financiera; pues los demás Estados lo considerarían como una amenaza y se verían obligados a prevenirla, adelantándose a la agresión. Efectivamente; de las tres formas del Poder: «ejército», «alianzas» y «dinero», sería, sin duda, la última el más seguro instrumento de guerra si no fuera por la dificultad de apreciar bien su magnitud.

4. No debe el Estado contraer deudas que tengan por objeto sostener su política exterior.

La emisión de deuda, como ayuda que el Estado busca, dentro o fuera de sus límites, para fomentar la economía del país —reparación de carreteras, colonización, creación de depósitos para los años malos, etc...— no tiene nada de sospechoso. Pero si se considera como instrumento de acción y reacción entre las potencias, entonces se convierte en un sistema de crédito compuesto de deudas que van aumentando sin cesar, aunque siempre garantizadas de momento —puesto que no todos los acreedores van a reclamar a la vez el pago de sus créditos—, ingeniosa invención de un pueblo comerciante en nuestro siglo; fúndase de esta suerte una potencia financiera muy peligrosa, un tesoro de guerra que supera al de todos los demás Estados juntos y que no puede agotarse nunca, como no sea por una baja rápida de los valores —los cuales pueden mantenerse altos durante mucho tiempo por medio del fomento del tráfico, que a su vez repercute en la industria y la riqueza—. Esta facilidad para hacer la guerra, unida a la inclinación que hacia ella sienten los que tienen la fuerza, inclinación que parece ingénita a la naturaleza humana, es, pues, el más poderoso obstáculo para la paz perpetua. Por eso es tanto más necesario un artículo preliminar que prohíba la emisión de deuda para tales fines, porque además la bancarrota del Estado, que inevitablemente ha de llegar, complicaría en la catástrofe a muchos otros Estados, sin culpa alguna por su parte, y esto sería una pública lesión de los intereses de estos últimos

Estados. Por tanto, los demás Estados tienen, por lo menos, el derecho de aliarse contra el que proceda en tal forma y con tales pretensiones.

5. Ningún Estado debe inmiscuirse por la fuerza en la constitución y el gobierno de otro Estado.

¿Con qué derecho lo haría? ¿Acaso fundándose en el escándalo y mal ejemplo que un Estado da a los súbditos de otro Estado? Pero, para éstos, el espectáculo de los grandes males que un pueblo se ocasiona a sí mismo por vivir en el desprecio de la ley es más bien útil como advertencia ejemplar; además, en general, el mal ejemplo que una persona libre da a otra —scandalum acceptum— no implica lesión alguna de esta última. Sin embargo, no es esto aplicable al caso de que un Estado, a consecuencia de interiores disensiones, se divida en dos partes, cada una de las cuales represente un Estado particular, con la pretensión de ser el todo; porque entonces, si un Estado exterior presta su ayuda a una de las dos partes, no puede esto considerarse como una intromisión en la constitución de la otra —pues ésta entonces está en pura anarquía—. Sin embargo, mientras esa interior división no sea francamente manifiesta, la intromisión de las potencias extranjeras será siempre una violación de los derechos de un pueblo libre, independiente, que lucha sólo en su enfermedad interior. Inmiscuirse en sus pleitos domésticos sería un escándalo que pondría en peligro la autonomía de todos los demás Estados.

6. Ningún Estado que esté en guerra con otro debe permitirse el uso de hostilidades que imposibiliten la recíproca confianza en la paz futura; tales son, por ejemplo, el empleo en el Estado enemigo de asesinos (*percussores*), envenenadores (*venefici*), el quebrantamiento de capitulaciones, la excitación a la traición, etc.

Estas estratagemas son deshonrosas. Pues aún en plena guerra ha de haber cierta confianza en la conciencia del enemigo. De lo contrario, no podría nunca ajustarse la paz, y las hostilidades degenerarían en guerra de exterminio —*bellum internecinum*—. Es la guerra un medio, por desgracia, necesario en el estado de naturaleza —en el cual no hay tribunal que pueda pronunciar un fallo con fuerza de derecho—, para afirmar cada cual su derecho por la fuerza; ninguna de las dos partes puede ser declarada enemigo ilegítimo —lo cual supondría ya una sentencia judicial—, y lo que decide de qué parte está el derecho es el «éxito» de la lucha —como en los llamados juicios de Dios—. Pero entre los Estados no se concibe una guerra penal —*bellum punitivum*—, porque no existe entre ellos la relación de superior a inferior. De donde se sigue que una guerra de exterminio, que llevaría consigo el aniquilamiento de las dos partes y la anulación de todo derecho, haría imposible una paz perpetua, como no fuese la paz del cementerio de todo el género humano.

Semejante guerra debe quedar, pues, absolutamente prohibida, y prohibido también, por tanto, el uso de los medios que a ella conducen. Y es bien claro que las citadas estratagemas conducen inevitablemente a aquellos resultados, porque el empleo de esas artes infernales, por sí mismas viles, no se contiene dentro de los límites de la guerra, como sucede con el uso de los espías —uti exploratoribus—, que consiste en aprovechar la indignidad de «otros» —ya que no sea posible extirpar este vicio—, sino que se prosigue aun después de terminada la guerra, destruyendo así los fines mismos de la paz.

Todas las leyes que hemos citado son objetivas, es decir, que en la intención de los que poseen la fuerza deben ser consideradas como «leyes prohibitivas». Sin embargo, algunas de ellas son «estrictas» y valederas en todas las circunstancias, y exigen una «inmediata» ejecución —las números 1, 5, 6—; otras, en cambio —las números 2, 3, 4—, son más amplias y admiten cierta demora en su aplicación, no porque haya excepciones a la regla jurídica, sino porque teniendo en cuenta el ejercicio de esa regla y sus circunstancias, admiten que se amplíe subjetivamente la facultad ejecutiva y dan permiso para demorar la aplicación, aunque sin perder nunca de vista el fin propuesto. Por ejemplo: si se trata de restituir, según el número 2, a ciertos Estados su libertad perdida, no valdrá aplazar la ejecución de la ley ad calendas græcas, como hacía Augusto; es decir, no será lícito dejar la ley incumplida, pero podrá demorarse si hay temor de que una restitución precipitada venga en detrimento del propósito fundamental. En efecto: la prohibición se refiere aquí solamente al «modo de adquirir», que en adelante no será valedero; pero no al «estado posesorio», que, aunque carece del título jurídico necesario, fue en su tiempo —en el tiempo de la adquisición putativa— considerado como legítimo por la opinión pública entonces vigente de todos los Estados.

¿Existen «leyes permisivas» de la razón pura, además de los mandatos —leges præceptivæ— y de las prohibiciones —leges prohibitivæ—? Es cosa que muchos, hasta ahora, han puesto en duda, no sin motivo. En efecto, las leyes en general contienen el fundamento de la necesidad práctica objetiva de ciertas acciones; en cambio, el permiso fundamenta la contingencia o accidentalidad práctica de ciertas acciones. Una «ley permisiva», por tanto, vendría a contener la obligación de realizar un acto al que nadie puede ser obligado; lo cual, si el objeto de la ley tiene en ambas relaciones una misma significación, es una contradicción patente. Ahora bien; en la ley permisiva de que nos ocupamos se refiere la previa prohibición solamente al modo futuro de adquirir un derecho —por ejemplo, la herencia—, y, en cambio, el levantamiento de la prohibición, o sea, el permiso, se refiere a la actual posesión. Esta última, al pasar del estado de naturaleza al estado civil, puede seguir manteniéndose, por una ley permisiva del derecho natural, como «posesión putativa», que si bien no es conforme a derecho es, sin embargo, honesta; aun cuando una posesión putativa, desde el momento en que es reconocida como tal en el estado de naturaleza, queda prohibida, como asimismo queda prohibida toda manera semejante de adquirir en el estado civil posterior, después de realizado el tránsito de uno a otro. El permiso de seguir poseyendo no podría, pues, existir, en el caso de que la adquisición putativa se hubiese realizado en el estado civil; pues tal permiso implicaría una lesión y, por tanto, debería desaparecer tan pronto como fuera descubierta su ilegitimidad.

Yo no me he propuesto aquí otra cosa que fijar, de pasada, la atención de los maestros del derecho natural sobre el concepto de «ley permisiva», que se presenta espontáneamente cuando la razón se propone hacer una división sistemática de la ley. De ese concepto se hace un uso frecuente en la legislación civil —estatutaria—, con la diferencia de que la ley prohibitiva se presenta sola, bastándose a sí misma, y, en cambio, el permiso, en lugar de ir incluido en la ley, a modo de condición limitativa —como debiera ser—, va metido entre las excepciones. Se establece: queda prohibido esto o aquello. Y se añade luego: excepto en el caso 1.º, 2.º, 3.º, y así indefinidamente. Vienen, pues, los permisos a añadirse a la ley, pero al azar, sin principio fijo, según los casos que van ocurriendo. En cambio, hubieran debido las condiciones ir inclusas «en la fórmula de la ley prohibitiva», que entonces hubiera sido al mismo tiempo ley permisiva. Es muy de lamentar que el problema propuesto para el premio del sabio y penetrante conde de Windischgraetz no haya sido resuelto por nadie y haya quedado tan pronto abandonado. Se refiere a esta cuestión, que es de gran importancia, porque la posibilidad de semejantes fórmulas —parecidas a las matemáticas—

es la única verdadera piedra de toque de una legislación consecuente. Sin ella será siempre el *jus certum* un pío deseo. Sin ella podrá haber, sí, leyes generales que valgan en general; pero no leyes universales, de valor universal, que es el valor que parece exigir precisamente el concepto de ley.

Sección segunda

Artículos definitivos de la paz perpetua entre los estados

La paz entre hombres que viven juntos no es un estado de naturaleza —*status naturalis*—; el estado de naturaleza es más bien la guerra, es decir, un estado en donde, aunque las hostilidades no hayan sido rotas, existe la constante amenaza de romperlas. Por tanto, la paz es algo que debe ser «instaurado»; pues abstenerse de romper las hostilidades no basta para asegurar la paz, y si los que viven juntos no se han dado mutuas seguridades —cosa que sólo en el estado «civil» puede acontecer, cabrá que cada uno de ellos, habiendo previamente requerido al otro, lo considere y trate, si se niega, como a un enemigo.

Primer artículo definitivo de la paz perpetua
La constitución política debe ser en todo Estado republicana

La constitución cuyos fundamentos sean los tres siguientes:

1. Principio de la «libertad» de los miembros de una sociedad —como hombres—; 2. principio de la «dependencia» en que todos se hallan de una única legislación común —como súbditos—; 3. principio de la «igualdad» de todos —como ciudadanos—, es la única constitución que nace de la idea del contrato originario, sobre el cual ha de fundarse toda la legislación de un pueblo. Semejante constitución es «republicana». Ésta es, pues, en lo que al derecho se refiere, la que sirve de base primitiva a todas las especies de constituciones políticas. Puede preguntarse: ¿es acaso también la única que conduce a la paz perpetua?

La constitución republicana, además de la pureza de su origen, que brota de la clara fuente del concepto de derecho, tiene la ventaja de ser la más propicia para llegar al anhelado fin: la paz perpetua.

He aquí los motivos de ello. En la constitución republicana no puede por menos de ser necesario el consentimiento de los ciudadanos para declarar la guerra. Nada más natural, por tanto, que, ya que ellos han de sufrir los males de la guerra —como son los combates, los gastos, la devastación, el peso abrumador de la deuda pública, que trasciende a tiempos de paz—, lo piensen mucho y vacilen antes de decidirse a tan arriesgado juego. En cambio, en una constitución en la cual el súbdito no es ciudadano, en una constitución no republicana, la guerra es la cosa más sencilla del mundo. El jefe del Estado no es un conciudadano, sino un amo, y la guerra no perturba en lo más mínimo su vida regalada, que transcurre en banquetes, cazas y castillos placenteros. La guerra, para él, es una especie de diversión, y puede declararla por levísimos motivos, encargando luego al cuerpo diplomático —siempre bien dispuesto— que cubra las apariencias y rebusque una justificación plausible.

Para no confundir la constitución republicana con la democrática —como suele acontecer— es necesario observar lo siguiente: Las formas de un Estado —civitas— pueden dividirse, o bien por la diferencia de las personas que tienen el poder soberano, o bien por la manera como el soberano —sea quien fuere— gobierna al pueblo.

La primera es propiamente forma de la soberanía —forma imperii—, y sólo tres son posibles, a saber: que la soberanía la posea «uno» o «varios» o «todos» los que constituyen la sociedad política, esto es, «autocracia», «aristocracia», «democracia». La segunda es forma de gobierno —forma regiminis—, y se refiere al modo como el Estado hace uso de la integridad de su poder; ese modo está fundado en la constitución, acto de la voluntad general, que convierte a una muchedumbre en un pueblo. En este respecto sólo caben dos formas: la «republicana» o la «despótica».

El «republicanismo» es el principio político de la separación del poder ejecutivo —gobierno— y del poder legislativo; el despotismo es el principio del gobierno del Estado por leyes que el propio gobernante ha dado; es, pues, la voluntad pública manejada y aplicada por el regente como voluntad privada. De las tres formas posibles del Estado, es la democracia —en el estricto sentido de la palabra— necesariamente despotismo, porque funda un poder ejecutivo en el que todos deciden sobre uno y hasta a veces contra uno —si no da su consentimiento—; todos, por tanto, deciden, sin ser en realidad todos, lo cual es una contradicción de la voluntad general consigo misma y con la libertad. Una forma de gobierno que no sea «representativa» no es forma de gobierno, porque el legislador no puede ser al mismo tiempo, en una y la misma persona, ejecutor de su voluntad —como, en un silogismo, la premisa mayor que expresa lo universal no puede desempeñar al mismo tiempo la función de la premisa menor, que subsume lo particular en lo universal—. Y aun cuando las otras dos constituciones son siempre defectuosas, en el sentido de que dan lugar a una forma de gobierno no representativa, sin embargo, es en ellas posible la adopción de una forma de gobierno adecuada al «espíritu» del sistema representativo, como, por ejemplo, cuando Federico II decía, aunque fuese sólo un decir, «que él era el primer servidor del Estado». En cambio, es imposible en la constitución democrática, porque todos quieren mandar.

Puede decirse, por tanto, que cuanto más escaso sea el personal gobernante —o número de los que mandan—, cuanto mayor sea la representación que ostentan los que gobiernan, tanto mejor concordará la constitución del Estado con la posibilidad del republicanismo, y en tal caso puede esperarse que, mediante reformas sucesivas, llegue a elevarse hasta él. Por los dichos motivos resulta más difícil en la aristocracia que en la monarquía, e imposible de todo punto en la democracia, conseguir llegar a la única constitución jurídica perfecta, como no sea por medio de una revolución violenta. Pero lo que más le importa al pueblo es, sin comparación, la forma del gobierno, mucho más que la forma del Estado, aun cuando ésta tiene gran importancia por lo que se refiere a su mayor o menor conformidad con el fin republicano. Si la forma de gobierno ha de ser, por tanto, adecuada al concepto del derecho, deberá fundarse en el sistema representativo, único capaz de hacer posible una forma republicana de gobierno; de otro modo, sea cual fuere la constitución del Estado, el gobierno será siempre despótico y arbitrario. Ninguna de las antiguas repúblicas —aunque así se llamaban— conoció el sistema representativo y hubieron de derivar en el despotismo, el cual, si se ejerce bajo la autoridad de uno solo, es el más tolerable de todos los despotismos.

Segundo artículo definitivo de la paz perpetua
El derecho de gentes debe fundarse en una federación de Estados libres

Los pueblos, como Estados que son, pueden considerarse como individuos en estado de naturaleza —es decir, independientes de toda ley externa—, cuya convivencia en ese estado natural es ya un perjuicio para todos y cada uno. Todo Estado puede y debe afirmar su propia seguridad, requiriendo a los demás para que entren a formar con él una especie de constitución, semejante a la constitución política, que garantice el derecho de cada uno. Esto sería una Sociedad de naciones, la cual, sin embargo, no debería ser un Estado de naciones. En ello habría, empero, una contradicción; todo Estado implica la relación de un superior —el que legisla— con un inferior —el que obedece, el pueblo—; muchos pueblos, reunidos en un Estado, vendrían a ser un solo pueblo, lo cual contradice la hipótesis; en efecto, hemos de considerar aquí el derecho de los pueblos, unos respecto de otros, precisamente en cuanto que forman diferentes Estados y no deben fundirse en uno solo.

Ahora bien; cuando vemos el apego que tienen los salvajes a su libertad sin ley, prefiriendo la continua lucha mejor que someterse a una fuerza legal constituida por ellos mismos, prefiriendo una libertad insensata a la libertad racional, los miramos con desprecio profundo y consideramos su conducta como bárbara incultura, como un bestial embrutecimiento de la Humanidad; del mismo modo debiera pensarse están obligados los pueblos civilizados, cada uno de los cuales constituye un Estado, a salir cuanto antes de esa situación infame. Lejos de eso, cifran los Estados su majestad —pues hablar de la majestad del pueblo sería hacer uso de una expresión absurda— en no someterse a ninguna presión legal exterior; y el esplendor y brillo de los príncipes consiste en tener a sus órdenes, sin exponerse a ningún peligro, miles de combatientes dispuestos a sacrificarse por una causa que en nada les interesa. La diferencia entre los salvajes de Europa y los de América está principalmente en que muchas tribus americanas han sido devoradas por sus enemigos, mientras que los Estados europeos, en lugar de comerse a los vencidos, hacen algo mejor: los incorporan al número de sus súbditos para tener más soldados con que hacer nuevas guerras.

Si se considera la perversidad de la naturaleza humana, manifestada sin recato en las relaciones entre pueblos libres —contenida, en cambio, y velada en el estado civil y político por la coacción legal del Gobierno—, es muy de admirar que la palabra «derecho» no haya sido aún expulsada de la política guerrera por pedante y arbitraria. Todavía no se ha atrevido ningún Estado a sostener públicamente esta opinión. Se acogen de continuo a Hugo Grocio, a Puffendorf, a Vattel y otros —¡triste consuelo!—, aun cuando esos códigos, compuestos en sentido filosófico o diplomático, no tienen ni pueden tener la menor fuerza legal, porque los Estados, como tales, no se hallan sumisos a ninguna común autoridad externa. Citan a esos juristas sinceramente para justificar una declaración de guerra, y, sin embargo, no hay ejemplo de que un Estado se haya conmovido ante el testimonio de esos hombres ilustres y haya abandonado sus propósitos. Con todo, el homenaje que tributan así los Estados al concepto de derecho —por lo menos de palabra—, demuestra que en el hombre hay una muy importante tendencia al bien moral.

Esta tendencia, acaso dormida por el momento, aspira a sobrepujar al principio malo —que innegablemente existe—, y permite esperar también en los demás una victoria semejante. Si así no fuera, no se les ocurriría nunca a los Estados hablar de derecho, cuando se disponen a lanzarse a la guerra, a no ser por broma, como aquel príncipe galo que decía: «La ventaja que la Naturaleza ha dado al más fuerte es que el más débil debe obedecerle.» La manera que tienen los Estados de procurar su derecho no puede ser nunca un proceso o pleito, como los que se plantean ante los tribunales; ha de ser la guerra. Pero la guerra victoriosa no decide el derecho, y el tratado de paz, si bien pone término a las actuales hostilidades, no acaba con el estado de guerra latente, pues caben siempre, para reanudar la lucha, pretextos y motivos que no pueden considerarse sin más ni más como injustos, puesto que en esa situación cada uno es juez único de su propia causa. Por otra parte, si para los individuos que viven en un estado anárquico tiene vigencia y aplicación la máxima del derecho natural, que les obliga a salir de ese estado, en cambio, para los Estados, según el derecho de gentes, no tiene aplicación esa máxima.

Efectivamente; los Estados poseen ya una constitución jurídica interna, y, por tanto, no tienen por qué someterse a la presión de otros que quieran reducirlos a una constitución común y más amplia, conforme a sus conceptos del derecho. Sin embargo, la razón, desde las alturas del máximo poder moral legislador, se pronuncia contra la guerra en modo absoluto, se niega a reconocer la guerra como un proceso jurídico, e impone, en cambio, como deber estricto, la paz entre los hombres; pero la paz no puede asentarse y afirmarse como no sea mediante un pacto entre los pueblos. Tiene, pues, que establecerse una federación de tipo especial, que podría llamarse federación de paz —fædus pacificus—, la cual se distinguiría del tratado de paz en que éste acaba con una guerra y aquélla pone término a toda guerra. Esta federación no se propone recabar ningún poder del Estado, sino simplemente mantener y asegurar la libertad de un Estado en sí mismo, y también la de los demás Estados federados, sin que éstos hayan de someterse por ello —como los individuos en el estado de naturaleza— a leyes políticas y a una coacción legal.

La posibilidad de llevar a cabo esta idea —su objetiva realidad— de una federación que se extienda poco a poco a todos los Estados y conduzca, en último término, a la paz perpetua, es susceptible de exposición y desarrollo. Si la fortuna consiente que un pueblo poderoso e ilustrado se constituya en una república, que por natural tendencia ha de inclinarse hacia la idea de paz perpetua, será ese pueblo un centro de posible unión federativa de otros Estados, que se juntarán con él para afirmar la paz entre ellos, conforme a la idea del derecho de gentes, y la federación irá poco a poco extendiéndose mediante adhesiones semejantes hasta comprender en sí a todos los pueblos.

Que un pueblo diga: *«No quiero que haya guerra entre nosotros; vamos a constituirnos en un Estado, es decir, a someternos todos a un poder supremo que legisle, gobierne y dirima en paz nuestras diferencias»*; que un pueblo diga eso, repito, es cosa que se comprende bien. Pero que un Estado diga: *«No quiero que haya más guerra entre yo y los demás Estados; pero no por eso voy a reconocer un poder supremo, legislador, que asegure mi derecho y el de los demás»*, es cosa que no puede comprenderse en modo alguno. Pues ¿sobre qué va a fundarse la confianza en la seguridad del propio derecho, como no sea sobre el sucedáneo o substitutivo de la asociación política, esto es, sobre la libre federación de los pueblos? La razón, efectivamente, une por necesidad ineludible la idea de la federación con el concepto del derecho de gentes; sin esta unión carecería el concepto del derecho de gentes de todo contenido pensable.

Considerado el concepto del derecho de gentes como el de un derecho a la guerra, resulta en realidad inconcebible; porque habría de concebirse entonces como un derecho a determinar lo justo y lo injusto, no según leyes exteriores de valor universal limitativas de la libertad de cada individuo, sino según máximas parciales, asentadas sobre la fuerza bruta. Sólo hay un modo de entender ese derecho a la guerra, y es el siguiente: que es muy justo y legítimo que quienes piensan de ese modo se destrocen unos a otros y vayan a buscar la paz perpetua en el seno de la tierra, en la tumba, que con su manto fúnebre tapa y cubre los horrores y los causantes de la violencia. Para los Estados, en sus mutuas relaciones, no hay, en razón, ninguna otra manera de salir de la situación anárquica, origen de continuas guerras, que sacrificar, como hacen los individuos, su salvaje libertad sin freno y reducirse a públicas leyes coactivas, constituyendo así un Estado de naciones —civitas gentium— que, aumentando sin cesar, llegue por fin a contener en su seno todos los pueblos de la tierra. Pero si no quieren esto, por la idea que tienen del derecho de gentes; si lo que es exacto in thesi lo rechazan in hypothesi, entonces, para no perderlo todo, en lugar de la idea positiva de una república universal puede acudirse al recurso negativo de una federación de pueblos que, mantenida y extendida sin cesar, evite las guerras y ponga un freno a las tendencias perversas e injustas, aunque siempre con el peligro constante de un estallido irreparable.

Furor impius intus fremit horridus ore cruento. Virgilio. (Un furor impío hierve por dentro horrible en sus labios sangrientos).

Tercer artículo definitivo de la paz perpetua
El derecho de ciudadanía mundial debe limitarse a las condiciones de una universal hospitalidad

Trátase aquí, como en el artículo anterior, no de filantropía, sino de derecho. Significa hospitalidad el derecho de un extranjero a no recibir un trato hostil por el mero hecho de ser llegado al territorio de otro. Éste puede rechazarlo si la repulsa no ha de ser causa de la ruina del recién llegado; pero mientras el extranjero se mantenga pacífico en su puesto no será posible hostilizarle. No se trata aquí de un derecho por el cual el recién llegado pueda exigir el trato de huésped —que para ello sería preciso un convenio especial benéfico que diera al extranjero la consideración y trato de un amigo o convidado—, sino simplemente de un derecho de visitante, que a todos los hombres asiste: el derecho a presentarse en una sociedad. Fúndase este derecho en la común posesión de la superficie de la tierra; los hombres no pueden diseminarse hasta el infinito por el globo, cuya superficie es limitada, y, por tanto, deben tolerar mutuamente su presencia, ya que originariamente nadie tiene mejor derecho que otro a estar en determinado lugar del planeta.

Ciertas partes inhabitables de la superficie terrestre: los mares, los desiertos, dividen esa comunidad; sin embargo, el «navío» o el «camello» —navío del desierto— permiten a los hombres acercarse unos a otros en esas comarcas sin dueño y hacer uso, para un posible tráfico, del derecho a la «superficie» que asiste a toda la especie humana en común. La inhospitalidad de algunas costas —verbigracia, las barbarescas—, desde donde se roban los navíos que navegan próximos o se esclaviza a los marinos que llegan de arribada; la inhospitalidad de los desiertos —verbigracia, de los árabes beduínos—, que consideran la proximidad de tribus nómadas como un derecho a saquearlas, todo eso es contrario al derecho natural. Pero el derecho de hospitalidad, es decir, la facultad del recién llegado, se aplica sólo a las condiciones necesarias para «intentar» un tráfico con los habitantes. De esa manera pueden muy bien comarcas lejanas entrar en pacíficas relaciones, las cuales, si se convierten al fin en públicas y legales, llevarían quizá a la raza humana a instaurar una constitución cosmopolita.

Si se considera, en cambio, la conducta «inhospitalaria» que siguen los Estados civilizados de nuestro continente, sobre todo los comerciantes, espantan las injusticias que cometen cuando van a «visitar» extraños pueblos y tierras. Visitar es para ellos lo mismo que «conquistar». América, las tierras habitadas por los negros, las islas de la especiería, el Cabo, eran para ellos, cuando los descubrieron, países que no pertenecían a nadie; con los naturales no contaban. En las Indias orientales —Indostán—, bajo el pretexto de establecer factorías comerciales, introdujeron los europeos tropas extranjeras, oprimiendo así a los indígenas; encendieron grandes guerras entre los diferentes Estados de aquellas regiones, ocasionaron hambre, rebelión, perfidia; en fin, todo el diluvio de males que pueden afligir a la Humanidad.

La China y el Japón, habiendo tenido pruebas de lo que son semejantes huéspedes, han procedido sabiamente, poniendo grandes trabas a la entrada de extranjeros en sus dominios. La China les permite arribar a sus costas, pero no entrar en el país mismo. El Japón admite solamente a los holandeses, y aun éstos han de someterse a un trato especial, como de prisioneros, que les excluye de toda sociedad con los naturales del país. Lo peor de todo esto —o, si se quiere, lo mejor, desde el punto de vista moral— es que las naciones civilizadas no sacan ningún provecho de esos excesos que cometen; las sociedades comerciales están a punto de quebrar; las islas del azúcar —las Antillas—, donde se ejerce la más cruel esclavitud, no dan verdaderas ganancias, a no ser de un modo muy indirecto y en sentido no muy recomendable, sirviendo para la educación de los marinos, que pasan luego a la Armada; es decir, para el fomento de la guerra en Europa. Y esto lo hacen naciones que alardean de devotas y que, anegadas en iniquidades, quieren pasar plaza de elegidas en achaques de ortodoxia.

La comunidad —más o menos estrecha— que ha ido estableciéndose entre todos los pueblos de la tierra ha llegado ya hasta el punto de que una violación del derecho, cometida en un sitio, repercute en todos los demás; de aquí se infiere que la idea de un derecho de ciudadanía mundial no es una fantasía jurídica, sino un complemento necesario del código no escrito del derecho político y de gentes, que de ese modo se eleva a la categoría de derecho público de la Humanidad y favorece la paz perpetua, siendo la condición necesaria para que pueda abrigarse la esperanza de una continua aproximación al estado pacífico.

SUPLEMENTO PRIMERO.
De la garantía de la paz perpetua

La garantía de paz perpetua la hallamos nada menos que en ese gran artista llamado Naturaleza —natura dædala rerum—. En su curso mecánico se advierte visiblemente un finalismo que introduce en las disensiones humanas, aun contra la voluntad del hombre, armonías y concordia. A esa fuerza componedora la llamamos unas veces «azar», si la consideramos como el resultado de causas cuyas leyes de acción desconocemos; otras veces «providencia», si nos fijamos en la finalidad que ostenta en el curso del mundo, como profunda sabiduría de una causa suprema dirigida a realizar el fin último objetivo de la Humanidad, predeterminando la marcha del universo. No podemos ciertamente conocerla, en puridad, por esos artificios de la Naturaleza, ni siquiera inferirla de ellos; pero podemos y debemos pensarla en ellos —como en toda referencia de la forma de las cosas afines en general—, para formar concepto de su posibilidad, por analogía con los actos del arte humano. La representación de su relación y concordancia con el fin que nos prescribe inmediatamente la razón —el fin moral— es una idea que, en sentido teórico, es trascendente; pero en sentido práctico —por ejemplo, con respecto al concepto del deber de la paz perpetua, para utilizar en su favor el mecanismo de la Naturaleza— es dogmática y bien fundada en su realidad. El uso de la palabra «naturaleza», tratándose, como aquí se trata, de teoría y no de religión, es más propio de la limitación de la razón humana —que ha de mantenerse dentro de los límites de la experiencia posible, en lo que se refiere a la relación de los efectos con las causas—. Es también más modesto y humilde que el otro término de «providencia». ¡Como si pudiéramos nosotros conocerla y sondearla, y orgullosos acercarnos en raudo vuelo al arcano de sus impenetrables designios!

Antes de determinar con precisión esa garantía que la Naturaleza ofrece, será necesario que examinemos primero la situación en que la Naturaleza ha colocado a las personas que figuran en su teatro, situación que requiere una paz firmemente asentada. Luego veremos la manera como realiza esa garantía de paz perpetua.

Las disposiciones provisionales de la Naturaleza consisten:

Primera: ella ha cuidado de que los hombres puedan vivir en todas las partes del mundo; segunda: los ha distribuido, por medio de la guerra, en todas las comarcas, aun las más inhospitalarias, para que las pueblen y habiten; y tercera: por medio de la guerra misma ha obligado a los hombres a entrar en relaciones mutuas más o menos legales.

En las heladas costas de los mares del Norte crece el musgo que el reno busca bajo la nieve, y el reno, a su vez, sirve de alimento y de vehículo para los naturales de esas regiones frías. En los desiertos de arena vive el camello, que parece creado expresamente para facilitar la marcha por las sendas interminables. Todo esto ya es de suyo maravilloso. Pero aún más claro luce el finalismo de la Naturaleza cuando se considera que en las costas heladas del Norte viven animales cubiertos de espesas pieles, y hay focas, caballos marinos y ballenas que proporcionan, con su carne, alimento, y con su grasa fuego, a los habitantes de aquellos países. Y donde las precauciones de la Naturaleza despiertan más grande admiración es en ese caudal de maderas que, sin que se sepa de dónde, lleva el mar a aquellas regiones sin flora, y que sirve a los naturales para fabricarse armas y vehículos y para construirse habitaciones.

Ocupados en luchar contra los animales, viven en paz allí los hombres.

La guerra ha sido probablemente la que los ha llevado a refugiarse en esas apartadas comarcas. El caballo es el primero de todos los animales que el hombre ha llegado a domesticar y a educar para la guerra en los tiempos en que la tierra empezaba a poblarse; pues el elefante es de seguro posterior, y pertenece a una época en que hay ya Estados establecidos y lujo en las costumbres. En cambio, el arte de aprovechar ciertas plantas cereales, cuya primitiva constitución ya no conocemos, y asimismo el de reproducir y mejorar los frutales, trasplantándolos e injertándolos —acaso no había en Europa más que dos especies: el manzano y el peral—, nacieron indudablemente en una época ya más avanzada, cuando existían Estados organizados y la propiedad estaba garantizada. Para esto tuvo que salir el hombre de su primitivo estado de libertad absoluta, sin ley, y variar de género de vida, abandonando la caza, la pesca y el pastoreo para dedicarse a la agricultura; descubrió la sal y el hierro, que fueron probablemente los artículos más codiciados y buscados, organizándose así un tráfico comercial entre diferentes pueblos, que hubo de tener por consecuencia el mantenimiento de las relaciones pacíficas entre ellos y aun con otros más apartados. Habiendo la Naturaleza cuidado de que los hombres «puedan» vivir en cualquier parte de la tierra, ha querido también, con despótica voluntad, que efectivamente «deban» vivir en todas partes, aun contrariando su inclinación. Este deber no implica ciertamente una obligación moral; pero la Naturaleza, para conseguir su propósito, ha elegido un medio: la guerra.

Así vemos que algunos pueblos tienen la misma lengua y, por tanto, deben tener también un origen común, y, sin embargo, viven separados por grandes extensiones de terreno, como, por ejemplo, los samoyedos, en los mares glaciales, y otro pueblo, de lengua semejante, establecido en las montañas de Altai. Entre ambos vive un tercer pueblo, de raza mongólica, pueblo de jinetes y, por tanto, guerrero, que debió invadir la comarca y empujar una parte de los habitantes hacia las inhospitalarias regiones heladas, adonde de seguro no hubieran ido por propia inclinación. De igual modo los lapones, que viven en las comarcas más septentrionales de Europa, tienen una lengua muy parecida a la de los húngaros, de quienes fueron separados por godos y sármatas invasores. ¿Qué motivos, sino la guerra, pueden haber empujado a los esquimales —raza totalmente oriunda de un antiquísimo pueblo nómada europeo— a establecerse en el norte de América, y a los pescadores en el sur hasta la Tierra del Fuego? La Naturaleza utiliza la guerra como un medio para poblar la tierra entera.

La guerra, a su vez, no necesita motivos e impulsos especiales, pues parece injertada en la naturaleza humana y considerada por el hombre como algo noble que le anima y entusiasma por el honor, sin necesidad de intereses egoístas que le muevan. El coraje guerrero ha sido estimado, tanto por los salvajes americanos como por los europeos del tiempo de la andante caballería, cual un valor máximo e inmediato, no sólo en tiempos de guerra —que sería disculpable—, sino en tiempos de paz, como acicate para que haya guerra. Se han hecho guerras con el exclusivo objeto de mostrar ese valor. Se ha dado a la guerra misma una interior dignidad, y hasta ha habido filósofos que la han encomiado como una honra de la Humanidad, olvidando el dicho de aquel griego:

«La guerra es mala porque hace más hombres malos que los que mata.»

Basta lo dicho acerca de lo que hace la Naturaleza para conseguir su fin propio, considerando a la Humanidad como una especie animal.

Ahora se trata de examinar lo más esencial respecto a la cuestión de la paz perpetua. ¿Qué hace la Naturaleza para conseguir el fin que la razón humana impone como obligación moral al hombre?; esto es, ¿qué hace para favorecer su propósito de moralidad? ¿Qué garantías da la Naturaleza de que aquello que el hombre «debiera» hacer, pero no hace, según leyes de la libertad, lo hará seguramente por coacción de la Naturaleza, dejando intacta la libertad, y lo hará en las tres relaciones del derecho público: derecho político, derecho de gentes y derecho de ciudadanía mundial? Cuando yo digo que la Naturaleza «quiere» que esto o lo otro suceda, no entiendo que la Naturaleza nos impone la obligación de hacerlo –pues tal obligación sólo puede partir de la razón práctica, libre de toda coacción–; entiendo que lo hace la Naturaleza misma, queramos o no los hombres —fata volentem ducunt, nolentem trahunt.

1. Aun cuando un pueblo no quisiera reducirse al imperio de leyes públicas, para evitar las discordias interiores tendría que hacerlo, porque la guerra exterior le obligaría a ello. Todo pueblo, en efecto, según la disposición general ordenada por la Naturaleza, tiene pueblos vecinos que le acosan, y para defenderse de ellos ha de organizarse como potencia, es decir, ha de convertirse interiormente en un Estado. Ahora bien; la constitución republicana es la única perfectamente adecuada al derecho de los hombres; pero es muy difícil de establecer, y más aún de conservar, hasta el punto de que muchos afirman que la república es un Estado de ángeles, y que los hombres, con sus tendencias egoístas, son incapaces de vivir en una constitución de forma tan sublime. Pero la Naturaleza viene en ayuda de la voluntad general, fundada en la razón de esa voluntad tan honrada y enaltecida en teoría como incapaz y débil en la práctica. Y la ayuda que le presta la Naturaleza consiste precisamente en aprovechar esas tendencias egoístas; de suerte que sólo de una buena organización del Estado dependerá –y ello está siempre en la mano del hombre– el que las fuerzas de esas tendencias malas choquen encontradas y contengan o detengan mutuamente sus destructores efectos. El resultado, para la razón, es el mismo que si esas tendencias no existieran, y el hombre, aun siendo moralmente malo, queda obligado a ser un buen ciudadano. El problema del establecimiento de un Estado tiene siempre solución, por muy extraño que parezca, aun cuando se trate de un pueblo de demonios; basta con que éstos posean entendimiento.

El problema es el siguiente: *«He aquí una muchedumbre de seres racionales que desean, todos, leyes universales para su propia conservación, aun cuando cada uno de ellos, en su interior, se inclina siempre a eludir la ley. Se trata de ordenar su vida en una constitución, de tal suerte que, aunque sus sentimientos íntimos sean opuestos y hostiles unos a otros, queden contenidos, y el resultado público de la conducta de esos seres sea el mismo exactamente que si no tuvieran malos instintos.»*

Este problema tiene que tener solución. Pues no se trata de la mejora moral del hombre, sino del mecanismo de la Naturaleza, y el problema es averiguar cómo se ha de utilizar ese mecanismo natural en el hombre, para disponer las contrarias y hostiles inclinaciones de tal manera que todos los individuos se sientan obligados por fuerza a someterse a las leyes y tengan que vivir por fuerza en pacíficas relaciones, obedeciendo a las leyes. Puede observarse esto en los actuales Estados, imperfectamente organizados aún; los hombres se aproximan, en su conducta externa, a lo prescrito por la idea del derecho, y, sin embargo, no es seguramente la moralidad la causa de esa conducta, como asimismo la moralidad interior no es seguramente la que ha de producir una buena constitución, sino más bien ésta la que podrá contribuir a educar moralmente a un pueblo. El mecanismo, pues, de la Naturaleza, las inclinaciones egoístas que en modo natural se oponen unas a otras y se hostilizan exteriormente, son el medio de que la razón puede valerse para conseguir su fin propio, el precepto jurídico, y, por ende, para fomentar y garantir la paz interior y exterior. Esto significa que la Naturaleza quiere a toda costa que el derecho conserve al fin la supremacía. Lo que en este punto no haga el hombre lo hará ella; pero a costa de mayores dolores y molestias.

«Si doblas la caña, se romperá; quien mucho quiere, no quiere nada.» (Bouterweek.)

2. La idea del derecho de gentes presupone la separación de numerosos Estados vecinos independientes unos de otros. Esta situación es en sí misma bélica, a no ser que haya entre las naciones una unión federativa que impida la ruptura de hostilidades. Sin embargo, esta división en Estados independientes es más conforme a la idea de la razón que la anexión de todos por una potencia vencedora, que se convierte en monarquía universal. En efecto, las leyes pierden eficacia cuando el gobierno se va extendiendo a más amplios territorios, y un despotismo sin alma aniquila primero todos los gérmenes del bien y acaba, por último, en la anarquía. Sin embargo, es el deseo de todo Estado —o de su príncipe— alcanzar la paz perpetua conquistando al mundo entero.

Pero la Naturaleza «quiere» otra cosa. Se sirve de dos medios para evitar la confusión de los pueblos y mantenerlos separados: la diferencia de los idiomas y de las religiones. Estas diferencias encierran siempre en su seno un germen de odio y un pretexto de guerras; pero con el aumento de la cultura y la paulatina aproximación de los hombres, unidos por principios comunes, conducen a inteligencias de paz, que no se fundan y afirman, como el despotismo, en el cementerio de la libertad y en el quebrantamiento de las energías, sino en un equilibrio de las fuerzas activas, luchando en noble competencia.

3. Así como la Naturaleza sabiamente ha separado los pueblos que la voluntad de cada Estado, fundándose en el derecho de gentes, quisiera unir bajo su dominio por la fuerza o la astucia, así también la misma Naturaleza junta a los pueblos. El concepto del derecho mundial de ciudadanía no los protege contra la agresión y la guerra, pero la mutua convivencia y provecho los aproxima y une. El espíritu comercial, incompatible con la guerra, se apodera tarde o temprano de los pueblos. De todos los poderes subordinados a la fuerza del Estado, es el poder del dinero el que inspira más confianza, y por eso los Estados se ven obligados —no ciertamente por motivos morales— a fomentar la paz, y cuando la guerra inminente amenaza al mundo, procuran evitarla con arreglos y componendas, como si estuviesen en constante alianza para ese fin pacífico. Las grandes federaciones de Estados, formadas expresamente para la guerra, ni pueden durar mucho, por su naturaleza misma, ni menos aún tienen éxito favorable. De esta suerte, la Naturaleza garantiza la paz perpetua, utilizando en su provecho el mecanismo de las inclinaciones humanas. Desde luego, esa garantía no es bastante para poder vaticinar con teórica seguridad el porvenir; pero en sentido práctico, moral, es suficiente para obligarnos a trabajar todos por conseguir ese fin, que no es una mera ilusión.

SUPLEMENTO SEGUNDO.
Un artículo secreto de la paz perpetua

Un artículo secreto en las negociaciones del derecho público es, objetivamente, es decir, considerado en su contenido, una contradicción; pero subjetivamente, estimado según la calidad de la persona que lo dicta, puede admitirse, pues cabe pensar que esa persona no cree conveniente para su dignidad manifestarse públicamente autora del citado artículo. El único artículo de esta especie va incluso en la siguiente proposición: «Las máximas de los filósofos sobre las condiciones de la posibilidad de la paz pública deberán ser tenidas en cuenta y estudiadas por los Estados apercibidos para la guerra.»

Para la autoridad legisladora de un Estado, en quien naturalmente hay que suponer la más honda sabiduría, parece deprimente el tener que buscar enseñanzas en algunos de sus súbditos —los filósofos— antes de decidir los principios según los cuales va a determinar su conducta frente a otros Estados. Sin embargo, convendría mucho que así lo hiciera. El Estado, pues, requerirá tácitamente —en secreto— a los filósofos, lo cual significa que les dejará expresarse libre y públicamente sobre las máximas generales de la guerra y de la paz. Los filósofos hablarán espontáneamente, si no se les prohíbe hacerlo. Sobre este punto no necesitan los Estados ponerse previamente de acuerdo; coincidirán todos, porque esta coincidencia yace en la obligación misma que nos impone la razón moral legisladora. No quiero decir que el Estado deba dar la preferencia a los principios del filósofo sobre las sentencias del jurista —representante de la potestad pública—, sino sólo que debe oírlos.

El jurisconsulto, que ha elegido como símbolo la balanza del derecho y la espada de la justicia, suele usar la espada, no sólo para apartar de la balanza todo influjo extraño que pueda perturbar su equilibrio, sino a veces también para echarla en uno de los platillos —voe victis—. El jurista, que no es filósofo al mismo tiempo —ni en cuanto a la moralidad—, siente una irresistible inclinación, muy propia de su empleo, a aplicar las leyes vigentes, sin investigar si estas leyes no serían acaso susceptibles de algún perfeccionamiento; y porque este rango, en realidad inferior, de su facultad va acompañado de la fuerza, estímala por superior. La facultad de filosofía está muy por debajo de las fuerzas unidas de las otras. Dícese de la filosofía, por ejemplo, que es la sirvienta de la teología —y lo mismo de las otras dos—. Pero no se aclara bien si su servicio consiste «en preceder a su señora, llevando la antorcha, o en seguirla, recogiéndole la cola».

No hay que esperar ni que los reyes se hagan filósofos ni que los filósofos sean reyes. Tampoco hay que desearlo; la posesión de la fuerza perjudica inevitablemente al libre ejercicio de la razón. Pero si los reyes o los pueblos príncipes —pueblos que se rigen por leyes de igualdad— no permiten que la clase de los filósofos desaparezca o enmudezca; si les dejan hablar públicamente, obtendrán en el estudio de sus asuntos unas aclaraciones y precisiones de las que no se puede prescindir. Los filósofos son por naturaleza inaptos para banderías y propagandas de club; no son, por tanto, sospechosos de proselitismo.

Apéndices

I. Sobre el desacuerdo que hay entre la moral y la política con respecto a la paz perpetua

La moral es una práctica, en sentido objetivo; es el conjunto de las leyes, obligatorias sin condición, según las cuales «debemos» obrar. Habiendo, pues, concedido al concepto del deber su plena autoridad, resulta manifiestamente absurdo decir luego que no se «puede» hacer lo que él manda. En efecto; el concepto del deber se vendría abajo por sí mismo, ya que nadie está obligado a lo imposible —ultra posse nemo obligatur—. No puede haber, por tanto, disputa entre la política, como aplicación de la doctrina del derecho, y la moral, que es la teoría de esa doctrina; no puede haber disputa entre la práctica y la teoría. A no ser que por moral se entienda una doctrina general de la prudencia, es decir, una teoría de las máximas convenientes para discernir los medios más propios de realizar cada cual sus propósitos interesados, y esto equivaldría a negar toda moral.

La política dice: *«Sed astutos como la serpiente.»* La moral añade esta condición limitativa: *«y cándidos, como la inocente paloma».* Si ambos consejos no pudiesen entrar en un mismo precepto, existiría realmente una oposición entre la política y la moral; pero si ambos deben ir unidos absolutamente, será absurdo el concepto de la oposición, y la cuestión de cómo se ha de resolver el conflicto no podrá ni plantearse siquiera como problema. La proposición siguiente: «La mejor política es la honradez», encierra una teoría mil veces, ¡ay!, contradicha por la práctica. Pero esta otra proposición, igualmente teórica: «La honradez vale más que toda política» está infinitamente por encima de cualquier objeción y aun es la condición ineludible de aquélla. El dios-término de la moral no se inclina ante Júpiter, dios-término de la fuerza. Júpiter se halla sometido al Destino, es decir, que la razón no tiene la suficiente penetración para conocer totalmente la serie de las causas antecedentes y determinantes, que podrían permitir una segura previsión del éxito favorable o adverso, que ha de rematar las acciones u omisiones de los hombres, según el mecanismo de la Naturaleza. Puede la razón esperar y desear obtener ese conocimiento completo, pero no lo consigue. En cambio, lo que haya que hacer para mantenerse en línea recta del deber, por reglas de la sabiduría, conócelo la razón muy bien y lo dice muy claramente y lo mantiene como fin último de la vida.

Ahora bien; el práctico, para quien la moral es una mera teoría, nos arrebata cruelmente la consoladora esperanza que nos anima, sin perjuicio de convenir en que debe y aun puede realizarse. Fúndase para ello en la afirmación de que la Naturaleza humana es tal que jamás el hombre «querrá» poner los medios precisos para conseguir el propósito de la paz perpetua. No basta para ello, en efecto, que la voluntad individual de todos los hombres sea favorable a una constitución legal, según principios de libertad; no basta la unidad «distributiva» de la voluntad de todos. Hace falta, además, para resolver tan difícil problema, la unidad «colectiva» de la voluntad general; hace falta que todos juntos quieran ese estado, para que se instituya una unidad total de la sociedad civil. Por tanto, sobre las diferentes voluntades particulares de todos es necesario, además, una causa que las una para constituir la voluntad general, y esa causa unitaria no puede ser ninguna de las voluntades particulares. De donde resulta que, en la realización de esa idea —en la práctica—, el estado legal ha de empezar por la violencia, sobre cuya coacción se funda después el derecho público. Además, no es posible contar con la conciencia moral más del legislador y creer que éste, después de haber reunido en un pueblo a la salvaje multitud, va a dejarle el cuidado de instituir una constitución jurídica conforme a la voluntad común. Todo esto nos permite vaticinar con seguridad que entre la idea o teoría y la realidad o experiencia habrá notables diferencias.

Pero prosigue el hombre práctico diciendo: el que tiene el poder en sus manos no se dejará imponer leyes por el pueblo. Un Estado que ha llegado a establecerse independiente de toda ley exterior no se someterá a ningún juez ajeno cuando se trate de definir su derecho frente a los demás Estados.

Y si una parte del mundo se siente más poderosa que otra, aunque ésta no le sea enemiga ni oponga obstáculo alguno a su vida, la primera no dejará de robustecer su poderío a costa de la segunda, dominándola o expoliándola. Todos los planes que la teoría invente para instituir un derecho político, de gentes o de ciudadanía mundial, se evaporan en ideales vacuos. En cambio, la práctica, fundada en los principios empíricos de la naturaleza humana, no se siente rebajada ni humillada si busca enseñanzas para sus máximas en el estudio de lo que sucede en el mundo, y sólo así puede llegarse a asentar los sólidos cimientos de la prudencia política.

Desde luego, si no hay libertad ni ley moral fundada en la libertad; si todo lo que ocurre y puede ocurrir es simple mecanismo natural, entonces la política —arte de utilizar ese mecanismo como medio de gobernar a los hombres— es la única sabiduría práctica, y el concepto del derecho es un pensamiento vano. Pero si se cree que es absolutamente necesario unir el concepto del derecho a la política y hasta elevarlo a la altura de condición limitativa de la política, entonces hay que admitir que existe una armonía posible entre ambas esferas. Ahora bien; yo concibo un político moral, es decir, uno que considere los principios de la prudencia política como compatibles con la moral; pero no concibo un moralista político, es decir, uno que se forje una moral ad hoc, una moral favorable a las conveniencias del hombre de Estado.

He aquí la máxima fundamental que deberá seguir el político moral: Si en la constitución del Estado o en las relaciones entre Estados existen vicios que no se han podido evitar, es un deber, principalmente para los gobernantes, estar atentos a remediarlos lo más pronto posible y a conformarse al derecho natural, tal como la idea de la razón nos lo presenta ante los ojos; y esto deberá hacerlo el político aun sacrificando su egoísmo. Romper los lazos políticos que consagran la unión de un Estado o de la Humanidad antes de tener preparada una mejor constitución, para sustituirla a la anterior, sería proceder contra toda prudencia política, que en este caso concuerda con la moral. Pero es preciso, por lo menos, que los gobernantes tengan siempre presente la máxima que justifica y hace necesaria la referida alteración.

El Gobierno debe irse acercando lo más que pueda a su fin último, que es la mejor constitución, según leyes jurídicas. Esto puede y debe exigirse de la política. Un Estado puede regirse ya como república, aun cuando la constitución vigente siga siendo despótica, hasta que poco a poco el pueblo llegue a ser capaz de sentir la influencia de la mera idea de autoridad legal —como si ésta tuviese fuerza física— y sea apto para legislarse a sí propio, fundando sus leyes en la idea del derecho. Si un movimiento revolucionario, provocado por una mala constitución, consigue ilegalmente instaurar otra más conforme con el derecho, ya no podrá ser permitido a nadie retrotraer al pueblo a la constitución anterior; sin embargo, mientras la primera estaba vigente, era legítimo aplicar a los que, por violencia o por astucia, perturbaban el orden las penas impuestas a los rebeldes. En lo que se refiere a la relación con otras naciones, no puede pedirse a un Estado que abandone su constitución, aunque sea despótica —la cual, sin duda, es la más fuerte para luchar contra enemigos exteriores—, mientras le amenace el peligro de ser conquistado por otros Estados. Así, pues, queda permitido, en algunos casos, el aplazamiento de las reformas hasta mejor ocasión.

Puede suceder que los moralistas, que, al realizar sus ideales, se equivocan y se hacen déspotas, cometan numerosos pecados contra la prudencia política, adoptando o defendiendo medidas de gobierno precipitadas; la experiencia, rectificando estos agravios a la Naturaleza, acudirá a encarrilarlos por el buen camino. Pero, en cambio, los políticos que construyen una moral para disculpar los principios de gobierno más contrarios al derecho, los políticos que sostienen que la naturaleza humana no es capaz de realizar el bien prescrito por la idea de la razón, son los que, en realidad, perpetúan la injuria a la justicia y hacen imposible toda mejora y progreso.

Estos hábiles políticos se ufanan de poseer una ciencia práctica; pero lo que tienen es la técnica de los negocios y, disponiendo del poder que por ahora domina, están dispuestos a no olvidar su propio provecho y a sacrificar al pueblo, y, si es posible, al mundo entero. Son como verdaderos juristas —juristas de oficio, no legisladores— cuando se ven ascendidos a políticos. No siendo su misión la de meditar sobre legislación, sino la de cumplir los mandatos actuales de la ley, toda constitución vigente les parece perfecta; y si ésta es cambiada en las altas esferas de la corte, el nuevo estatuto les parece el mejor del mundo; todo marcha según el orden mecánico pertinente al caso. Pero si esa adaptabilidad a todas las circunstancias les inspira la vanidosa pretensión de poder juzgar los principios jurídicos de una constitución política en general, según el concepto del derecho —a priori, pues, y no por experiencia—; si se precian de conocer a los hombres —cosa que no es de extrañar, ya que tratan a diario con muchos—, no conociendo empero «al hombre» ni sabiendo de lo que es capaz, pues tal conocimiento exige una profunda observación antropológica; si, provistos de esos pobres conceptos se acercan al derecho político y de gentes para estudiar lo que la razón prescribe, lo harán de seguro con su menguado espíritu leguleyesco, siguiendo su habitual proceder —el de un mecanismo de leyes coactivas y despóticas—. Lejos de esto, los conceptos de la razón exigen una potestad legal, fundada en los principios de la libertad, únicos capaces de instituir una constitución jurídica conforme a derecho. El hábil político cree poder resolver el problema de una buena constitución dejando a un lado la idea, apelando a la experiencia y viendo cómo estaban dispuestas las constituciones que hasta hoy se han mantenido mejor, aunque la mayor parte eran o son contrarias al derecho. Los principios que ponen en práctica —aunque sin manifestarlo— dicen poco más o menos lo que las siguientes máximas sofísticas:

1.ª Fac et excusa. Aprovecha la ocasión favorable para apoderarte violentamente de un derecho del Estado sobre el pueblo o sobre otros pueblos vecinos. La legitimación será mucho más fácil y suave después del hecho; la fuerza quedará disculpada, sobre todo en el primer caso, cuando la potestad interior es al mismo tiempo autoridad legisladora a quien hay que obedecer sin discusión.

Vale más hacerlo así que no empezar buscando motivos convincentes y discutiendo las objeciones contra ellos. Esta misma audacia parece en cierto modo oriunda de una interior convicción de la legitimidad del acto, y el dios del «buen Éxito» es luego el mejor abogado.

2.ª Si fecisti, nega. Los vicios de tu Gobierno, que han sido causa, por ejemplo, de la desesperación y del levantamiento del pueblo, niégalos; niega que tú seas culpable; afirma que se trata de una resistencia o desobediencia de los súbditos. Si te has apoderado de una nación vecina, échale la culpa a la naturaleza del hombre, el cual, si no se adelanta a la agresión de otro, puede tener por seguro que sucumbirá a la fuerza.

3.ª Divide et impera. Esto es: si en tu nación hay ciertas personas privilegiadas que te han elegido por jefe –primus inter pares–, procura dividirlas y enemistarlas con el pueblo; ponte luego del lado de este último, haciéndole concebir esperanzas de mayor libertad; así conseguirás que todos obedezcan a tu voluntad absoluta. Si se trata de Estados extranjeros, hay un modo bastante seguro de reducirlos a tu dominio, y es sembrar entre ellos la discordia y aparentar que defiendes al más débil.

A nadie, en verdad, engañan estas máximas, tan universalmente conocidas. Tampoco es el caso de avergonzarse de ellas, como si su injusticia apareciese patente a los ojos de todos. Las grandes potencias no se avergüenzan nunca por los juicios que haga la masa; se avergüenzan unas de otras. Pero en lo que se refiere a estas máximas, no es la publicidad, sino el mal éxito de las tretas, lo que puede avergonzar a un Estado —ya que todos están de acuerdo acerca de la moralidad de las tales máximas—. Queda, pues, siempre intacto el honor político a que aspiran, a saber: el engrandecimiento del poder por cualquier medio que sea.

De todos estos circunloquios inventados por una doctrina inmoral de la habilidad, que se propone por tales medios sacar al hombre de la guerra implícita en el estado de naturaleza para llevarlo al estado de paz, se deduce, por lo menos, lo siguiente: Los hombres no pueden prescindir del concepto del derecho, ni en sus relaciones privadas ni en sus relaciones públicas; no se atreven a convertir ostensiblemente la política en simples medidas de habilidad; no se atreven a negar obediencia al concepto de un derecho público —esto es visible, sobre todo, en el derecho de gentes—; tributan a la idea del derecho todos los honores convenientes, sin perjuicio de inventar mil triquiñuelas y escapatorias para eludirlo en la práctica y atribuir a la fuerza y a la astucia la autoridad y supremacía, el origen y lazo común de todo derecho.

Para poner término a tanto sofisma —aunque no a la injusticia que en esos sofismas se ampara—; para obligar a los falsos representantes de los poderosos de la tierra a que confiesen que lo que ellos defienden no es el derecho, sino la fuerza, cuyo tono y empaque adoptan como si fueran ellos por sí mismos los que mandan; para acabar con todo esto, será bueno descubrir el artificio con que engañan a los demás y se engañan a sí mismos, y manifestar claramente cuál es el principio supremo sobre que se funda la idea de la paz perpetua. Vamos a demostrar que todos los obstáculos que se oponen a la paz perpetua provienen de que el moralista político comienza donde el político moral termina; el moralista político subordina los principios al fin que se propone —como quien engancha los caballos detrás del coche—, y, por tanto, hace vanos e inútiles sus propósitos de conciliar la moral con la política.

Para conciliar la filosofía práctica consigo misma hay que resolver primero la cuestión siguiente: En los problemas de la razón práctica, ¿debe empezarse por el principio material, esto es, por el fin u objeto de la voluntad, o bien por el principio formal, esto es, por el principio fundado sobre la libertad, en relación exterior, que dice así: obra de tal modo que puedas querer que tu máxima deba convertirse en ley universal, sea cualquiera el fin que te propongas? Sin la menor duda, este último principio debe preceder al otro; es un principio de derecho y, por tanto, posee una necesidad absoluta incondicionada. El otro, en cambio, no es obligatorio sino cuando se admiten las condiciones empíricas del fin propuesto, es decir, de la realización. Aun cuando este fin fuese un deber —como, por ejemplo, la paz perpetua—, tendría que deducirse del principio formal de las máximas para la acción externa. Ahora bien; el principio del moralista político —el problema del derecho político, del derecho de gentes y del derecho de ciudadanía mundial— es un mero problema técnico; el del político moral, en cambio, es un problema moral, y tan diferente, en el procedimiento, del primero, que la paz perpetua no es aquí solamente un bien físico, sino un estado imperiosamente exigido por la conciencia moral.

La solución del problema técnico o de la habilidad política requiere mucho conocimiento de la Naturaleza: el gobernante ha de utilizar el mecanismo de las fuerzas en provecho del fin que se ha propuesto. Y, sin embargo, esa ciencia es incierta, insegura, con respecto al resultado apetecido: la paz perpetua, en cualquiera de las tres ramas del derecho público. ¿Cómo mantener durante mucho tiempo un pueblo en la obediencia y en la paz interior fomentando a la vez sus energías creadoras? ¿Por el rigor o por los regalos de la vanidad? ¿En un régimen monárquico o aristocrático? ¿Dando el poder a una nobleza de empleados? ¿Rigiéndose por la voluntad del pueblo?

La historia ofrece los ejemplos más contradictorios de regímenes políticos, exceptuando, empero, el verdadero régimen republicano, el cual no puede ser pensado sino por un político moral. Si pasamos al derecho de gentes veremos que el que hoy existe con ese nombre, fundado en los estatutos elaborados por los ministros, es, en realidad, una palabra sin ningún contenido; se sustentan en tratados que, en el acto mismo de firmarse, ya están secretamente transgredidos.

En cambio, la solución del problema moral, que podríamos llamar problema de la sabiduría política –por oposición a la habilidad política–, se impone manifiestamente, por decirlo así, a todo el mundo. Ante ella enmudece todo artificio sofístico. Va directamente a su fin. Basta conservar la prudencia necesaria para no precipitarse en la realización, e irse acercando poco a poco al fin deseado sin interrupción, aprovechando las circunstancias favorables.

Dice así: *«Procurad ante todo acercaros al ideal de la razón práctica y a su justicia; el fin que os propongáis la paz perpetua se os vendrá a las manos.»*

Tiene la moral de característico, sobre todo en lo que concierne a los principios del derecho público —y, por tanto, respecto de una política cognoscible a priori—, que cuanto menos subordina la conducta a los fines propuestos y al provecho apetecido, físico o moral, tanto más se acomoda, sin embargo, a ese fin y le favorece en general. Esto sucede porque la voluntad universal, dada a priori —en un pueblo o en las relaciones entre varios pueblos—, es la única que determina lo que es derecho entre los hombres; esta unidad de todas las voluntades, si procede consecuentemente en la ejecución, puede ser también la causa mecánica natural que provoque los efectos mejor encaminados a dar eficacia al concepto del derecho. Así, por ejemplo, es un principio de política moral que un pueblo, al convertirse en Estado, debe hacerlo según los conceptos jurídicos de libertad y de igualdad.

Este principio no se funda en prudencia o habilidades, sino en el deber moral. Ya pueden los moralistas políticos objetar cuanto quieran sobre el mecanismo natural de las masas populares y sostener que en la realización se ahogan los principios y se evaporan los propósitos; ya pueden citar casos de constituciones malas, antiguas y modernas —por ejemplo, de democracias sin sistema representativo—, para dar autoridad a sus afirmaciones. No merecen ser oídos; sus teorías provocan precisamente los males que ellos señalan; ellos rebajan a los hombres con los demás animales a la consideración de máquinas vivientes, para las cuales la conciencia es un suplicio más, porque conociendo que son esclavos se juzgan a sí mismos como las más miserables de las criaturas del mundo.

Hay una frase que, a pesar de cierto dejo de fanfarronería, se ha hecho proverbial y es muy verdadera. Fiat justitia, pereat mundus. Puede traducirse así: Reine la justicia, aunque se hundan todos los bribones que hay en el mundo. Es un principio valiente de derecho, que ataja todo camino tortuoso de insidias y violencias. Pero es preciso que se le entienda en su verdadero sentido; no debe considerarse como un permiso que se nos da para que hagamos uso de nuestro propio derecho con el máximo rigor —lo cual sería contrario al deber moral—, sino como la obligación que tiene el regente de no negar ni disminuir a nadie su derecho por antipatía o compasión. Para ello es necesaria una constitución interior del Estado, adecuada a los principios del derecho, y además un estatuto que junte a las naciones próximas y aun remotas en una unión semejante a la del Estado, y cuya misión sea resolver los conflictos internacionales. Aquella frase proverbial significa, pues, esto: las máximas políticas no deben fundarse en la perspectiva de felicidad y ventura que el Estado espera obtener de su aplicación; no deben fundarse en el fin que se proponga conseguir el Gobierno; no deben fundarse en la voluntad, considerada como principio supremo —aunque empírico— de la política; deben, por el contrario, partir del concepto puro del derecho, de la idea moral del deber, cuyo principio a priori da la razón pura, sean cualesquiera las consecuencias físicas que se deriven. El mundo no ha de perecer porque haya menos malvados. El malvado tiene la virtud inseparable de su naturaleza, de destruirse a sí mismo y deshacer sus propios propósitos —sobre todo en su relación con otros malvados—, y, aunque lentamente, abre paso al principio moral del bien.

No hay, pues, objetivamente —en la teoría— oposición alguna entre la moral y la política. Pero la hay, subjetivamente, por la inclinación egoísta de los hombres, la cual, sin embargo, no siendo fundada en máximas de razón, no puede en rigor llamarse práctica. Y esa oposición puede durar siempre, pues sirve de estímulo a la virtud, cuyo verdadero valor, en el caso presente, no consiste sólo en aguantar firme los daños y sacrificios consiguientes –tu ne cede malis, sed contra audentior ito, sino en conocer y dominar el mal principio que mora en nosotros y que es sumamente peligroso, porque nos engaña y traiciona con el espejuelo de esos sofismas, que excusan la violencia y la ilegalidad con el pretexto de las flaquezas humanas.

En realidad, puede decir el moralista político: el regente y el pueblo o un pueblo y otro pueblo no son injustos unos con otros si se hostilizan por violencia o por astucia; la injusticia que cometen la cometen sólo en el sentido de que no respetan el concepto del derecho, único posible fundamento de la paz perpetua. En efecto; el uno falta a su deber con respecto al otro; pero este otro a su vez está animado de iguales intenciones para con el primero; por tanto, si se hacen mutuamente daño, es justo que se destruyan ambos. Sin embargo, la destrucción no es tanta que no queden siempre algunos, los bastantes para que el juego no cese y se perpetúe, dejando a la posteridad un ejemplo instructivo. La providencia en el curso del mundo queda aquí justificada; pues el principio moral es, en el hombre, una luz que nunca se apaga, y la razón aplicada en la práctica a realizar la idea del derecho, de conformidad con el principio moral, aumenta sin cesar a compás de la creciente cultura, con lo cual aumenta asimismo la culpabilidad de quienes cometen esas transgresiones. Lo que ninguna teodicea podría justificar sería sólo el acto de la creación que ha llenado el mundo de seres viciosos y malignos —suponiendo que la raza humana no pueda mejorar nunca—. Pero este punto de vista es para nosotros demasiado elevado y sublime: nosotros no podemos explicar en sentido teórico la insondable potencia suprema con nuestros conceptos de lo que es la sabiduría.

A tales consecuencias, desesperadas, somos forzosamente compelidos si nos negamos a admitir que los primeros puros del derecho poseen realidad objetiva; esto es, que pueden realizarse, y que, por consiguiente, el pueblo en el Estado, y los Estados en sus mutuas relaciones deben conducirse de conformidad con esos principios, diga lo que quiera la política empírica. La verdadera política no puede dar un paso sin haber previamente hecho pleito homenaje a la moral. La política, en sí misma, es un arte difícil; pero la unión de la política con la moral no es un arte, pues tan pronto como entre ambas surge una discrepancia, que la política no puede resolver, viene la moral y zanja la cuestión, cortando el nudo. El derecho de los hombres ha de ser mantenido como cosa sagrada, por muchos sacrificios que le cueste al poder denominador. No caben aquí componendas; no cabe inventar un término medio entre derecho y provecho, un derecho condicionado en la práctica. Toda la política debe inclinarse ante el derecho; pero, en cambio, puede abrigar la esperanza de que, si bien lentamente, llegará un día en que brille con inalterable esplendor.

II. De la armonía entre la política y la moral, según el concepto trascendental del derecho público

Si en el derecho público, tal como suelen concebirlo los juristas, prescindimos de toda «materia» —las diferentes relaciones dadas empíricamente entre los individuos de un Estado o entre varios Estados—, sólo nos quedará la «forma de la publicidad», cuya posibilidad está contenida en toda pretensión de derecho. Sin publicidad no habría justicia, pues la justicia no se concibe oculta, sino públicamente manifiesta; ni habría, por tanto, derecho, que es lo que la justicia distribuye y define.

La capacidad de publicarse debe, pues, residir en toda pretensión de derecho. Ahora bien; como es muy fácil darse cuenta de si esa capacidad de publicarse reside o no en un caso particular, esto es, si es o no compatible con las máximas del que intenta la acción, resulta de aquí que puede servir como un criterio a priori de dar razón para conocer en seguida, como por un experimento, la verdad o falsedad de la pretensión citada.

Si prescindimos, pues, de todo el contenido empírico que hay en el concepto del derecho político y del derecho de gentes —como es, por ejemplo, la maldad de la humana naturaleza que hace necesaria la coacción—, hallamos la proposición siguiente, que bien puede llamarse «fórmula trascendental» del derecho público:

«Las acciones referentes al derecho de otros hombres son injustas, si su máxima no admite publicidad.»

Este principio debe considerarse no sólo como un principio «ético», perteneciente a la teoría de la virtud, sino como un principio «jurídico», relativo al derecho de los hombres.

En efecto; una máxima que no puedo manifestar en alta voz, que ha de permanecer secreta, so pena de hacer fracasar mi propósito; una máxima que no puedo reconocer públicamente sin provocar en el acto la oposición de todos a mi proyecto; una máxima que, de ser conocida, suscitaría contra mí una enemistad necesaria y universal y, por tanto, cognoscible a priori; una máxima que tiene tales consecuencias las tiene forzosamente porque encierra una amenaza injusta al derecho de los demás. El principio citado es, además, simplemente «negativo»; es decir, que sólo sirve para conocer lo que «no es justo» con respecto a otros. Es, como los axiomas, cierto, pero indemostrable, y además muy sencillo de aplicar, como se verá en los siguientes ejemplos tomados del derecho público.

1. En lo que se refiere al derecho político interior —jus civitatis—, hay un problema que muchos consideran difícil de resolver y que el principio trascendental de la publicidad resuelve muy fácilmente: ¿es la revolución un medio legítimo para librarse un pueblo de la opresión de un tirano non título, sed exercitio talis?. Los derechos del pueblo yacen escarnecidos, y al tirano no se le hace ninguna injusticia destronándole; no cabe duda alguna. No obstante, es altamente ilegítimo, por parte de los súbditos, el reivindicar su derecho de esa manera, y no pueden en modo alguno quejarse de la injusticia recibida si son vencidos en la demanda y obligados a cumplir las penas consiguientes.

Sobre este punto puede discutirse mucho si se quiere zanjar la cuestión por medio de una deducción dogmática de los fundamentos de derecho. Pero el principio trascendental de la publicidad del derecho público puede ahorrarnos toda discusión. Según este principio, pregúntese el pueblo mismo, antes de cerrar el contrato social, si se atreve a manifestar públicamente la máxima por la cual se reserva el derecho a sublevarse. Bien se ve que, si al fundarse un Estado, se pusiera la condición de que en ciertos casos podrá hacerse uso de la fuerza contra el soberano, esto equivaldría a dar al pueblo un poder legal sobre el soberano. Pero entonces el soberano no sería soberano, y si se pusiera por condición la doble soberanía, resultaría entonces imposible instaurar el Estado, lo cual sería contrario al propósito inicial. La ilegitimidad de la sublevación se manifiesta, pues, patente, ya que la máxima en que se funda no puede hacerse pública sin destruir el propósito mismo del Estado. Sería preciso, pues, ocultarla. El soberano, en cambio, no necesita ocultar nada. Puede decir libremente que castigará con la muerte toda sublevación, aun cuando los sublevados crean que ha sido el soberano el que primero ha transgredido la ley fundamental. Pues si el soberano tiene conciencia de que posee el poder supremo irresistible —y hay que admitir que ello es así en toda constitución civil, puesto que quien no tuviera fuerza bastante para proteger a los individuos unos contra otros no tendría tampoco derecho a mandarles— no ha de preocuparse de que la publicación de su máxima destruya sus propósitos. Por otra parte, si la sublevación resulta victoriosa, esto significa que el soberano retrocede y vuelve a la condición de súbdito; le está, pues, vedado sublevarse de nuevo para restablecer el antiguo régimen; pero también queda libre de todo temor, y nadie puede exigirle responsabilidad por su anterior gobierno.

2. «Derecho de gentes.» No se puede hablar de derecho de gentes si no es suponiendo un estatuto jurídico, es decir, una condición externa que permita atribuir realmente un derecho al hombre. El derecho de gentes, como derecho público que es, implica ya en su concepto la publicación de una voluntad general que determine para cada cual lo suyo. Y este estatuto jurídico ha de originarse en algún contrato, el cual no necesita estar fundado en leyes coactivas —como el contrato origen del Estado—, sino que puede ser un pacto de asociación constantemente libre, como el que ya hemos citado anteriormente al hablar de una federación de naciones. Sin un estatuto jurídico que enlace activamente las diferentes personas, físicas o morales, caemos en el estado de naturaleza, en donde no hay más derecho que el privado. Surge aquí también una oposición entre la política y la moral —considerada ésta como teoría del derecho—; y el criterio de la publicidad de las máximas halla aquí también su fácil aplicación, aunque sólo en el sentido de que el pacto una a los Estados entre sí y contra otros Estados para mantener la paz, pero en modo alguno para hacer conquistas. He aquí los casos en que se manifiesta la antinomia entre la política y la moral, y también la solución de los mismos.

a) «Un Estado ha prometido a otro alguna cosa, ayuda, cesión de territorios, subsidios, etc...» Sucede un caso en que el cumplimiento de la promesa puede comprometer la salud del Estado. Se rompe la palabra, con el pretexto de que el representante del Estado tiene una doble personalidad; es, por una parte, soberano, y a nadie, en su Estado, tiene que dar cuenta de lo que hace; es, por otra parte, el primer funcionario del Estado, ante el cual responde de sus actos. ¿Es legítimo decir que lo prometido por el soberano no está el funcionario obligado a cumplirlo? Si un Estado —o un soberano— hiciese pública esta máxima, ocurriría naturalmente que los demás Estados evitarían su trato o se unirían contra él para resistir a sus pretensiones. Lo cual demuestra que la política, por muy hábil que sea, puesta en trance de publicidad destruye sus propios fines. La máxima citada es, pues, injusta.

b) «Una nación crece en poderío hasta el punto de hacerse temible. Otras naciones más débiles, creyendo que «querrá» oprimirlas, puesto que «puede» hacerlo, fingen tener derecho a unirse y a atacarla, aun sin que proceda de su parte ninguna ofensa. ¿Es justa esta máxima?» Un Estado que lo afirmase públicamente provocaría el daño con mayor seguridad y más pronto. Pues la gran potencia se adelantaría a las pequeñas, y, en cuanto a la unión de las potencias débiles, es un obstáculo levísimo para quien sabe manejar el divide et impera. Así, pues, esa máxima de la habilidad política, si se manifiesta públicamente, destruye necesariamente su propósito y es, por tanto, injusta.

c) «Si un Estado pequeño separa en dos pedazos el territorio de otra nación mayor, siendo para la conservación de esta última necesaria la reunión de los dos trozos, ¿tiene la nación fuerte derecho a subyugar y anexionarse la débil?» Pronto se ve que la nación fuerte no puede proclamar en alta voz semejante máxima sin provocar inmediatamente la unión de los pequeños Estados o sin excitar la codicia de otros Estados fuertes que querrían también apoderarse del botín: por tanto, la publicidad de la máxima la hace irrealizable, señal de que es injusta y de que puede serlo en alto grado, pues una injusticia puede ser muy grande aunque su objeto o materia sea pequeño.

3. «Derecho de ciudadanía mundial.» Nada diremos sobre este punto, pues tiene tan íntima semejanza con el derecho de gentes que las máximas de éste le son fácilmente aplicables.

El principio de la incompatibilidad de las máximas del derecho de gentes con la publicidad de las mismas nos proporciona un buen criterio para conocer los casos en que la política no concuerda con la moral —como teoría del derecho—. Ahora bien; ¿cuál es la condición bajo la cual las máximas de la política concuerdan con el derecho de gentes? Porque la conclusión inversa carece de validez; no puede decirse que las máximas compatibles con la publicidad son todas justas; en efecto, quien posee la soberanía absoluta no necesita ocultar sus máximas. La condición de la posibilidad de un derecho de gentes, en general, es, ante todo, que exista un estatuto jurídico. Sin éste no hay derecho público; todo derecho que se piense sin tal estatuto, esto es, en un estado de naturaleza, será derecho privado. Pero ya anteriormente hemos visto que una federación de Estados, que tenga por único fin la evitación de la guerra, es el único estatuto jurídico compatible con la libertad de los Estados.

La concordancia de la política con la moral es sólo posible, pues, en una unión federativa, la cual, por tanto, es necesaria y dada a priori, según los principios del derecho. Toda prudencia o habilidad política tiene, pues, por única base jurídica la instauración de esa unión federativa con la mayor amplitud posible, sin la cual la habilidad y la astucia son ignorancia e casuística propia, como la mejor escuela jesuítica: justicia encubiertas. Esta falsa política tiene su «la reserva mental» que consiste en redactar los tratados con expresiones susceptibles de ser interpretadas luego según convenga; por ejemplo, distinguiendo el statu quo de hecho y de derecho; «el probabilismo» que consiste en fingir que los demás abrigan perversas intenciones o van probablemente a romper el equilibrio, para justificar así cierto derecho a la expoliación y ruina de otros Estados pacíficos; por último, el «pecado filosófico», o pecadillo de poca monta, que consiste en considerar como pequeñez fácilmente disculpable el que un Estado fuerte y poderoso conquiste a otro pequeño y débil para el mayor bien de la humanidad.

Excusa de tal proceder suele buscarse en la doble actitud que la política adopta con respecto a las dos ramas de la moral. El amor a los hombres y el respeto al derecho del hombre son deberes ambos. Pero aquél es un deber condicionado; éste, en cambio, es deber incondicionado, absoluto. Antes de entregarse al suave sentimiento de la benevolencia hay que estar seguro de no haber transgredido el ajeno derecho. La política se armoniza fácilmente con la moral en el primer sentido, en el sentido de Ética y benevolencia universal, pues no le importa sacrificar el derecho del hombre en aras de algo superior. Pero tratándose de la moral en el segundo sentido, en el sentido de teoría del derecho, la política, que debiera inclinarse respetuosa ante ella, prefiere no meterse en pactos y contratos, negarle toda realidad y reducir todos los deberes a simples actos de benevolencia. Esta astuta conducta de una política tenebrosa quedaría completamente anulada por la publicidad de sus máximas si se atreviera al mismo tiempo a permitir que el filósofo diera también las suyas a la publicidad.

En tal sentido, me atrevo a proponer otro principio trascendental afirmativo del derecho público. Su fórmula sería la siguiente:

«Todas las máximas que necesiten la publicidad para conseguir lo que se proponen concuerdan a la vez con el derecho y la política reunidos.»

Pues si sólo por medio de la publicidad pueden alcanzar el fin que se proponen es porque concuerdan con el fin general del público: la felicidad; el problema propio de la política es ése: conseguir la felicidad del público, conseguir que todo el mundo esté contento con su suerte. Si, pues, ese fin se consigue por medio de la publicidad de las máximas, disipando toda desconfianza en ellas, es que estas máximas armonizan con el derecho del público, que constituye la única posible base para la unión de los fines particulares de todos. Dejemos para otra ocasión el desarrollo de este principio; obsérvese tan sólo que es, en efecto, una fórmula trascendental, puesto que hemos prescindido de todas las condiciones empíricas de la felicidad, como materia de la ley, y nos hemos referido exclusivamente a la forma de la legalidad en general.

Si es un deber, y al mismo tiempo una esperanza, el que contribuyamos todos a realizar un estado de derecho público universal, aunque sólo sea en aproximación progresiva, la idea de la «paz perpetua», que se deduce de los hasta hoy falsamente llamados tratados de paz —en realidad, armisticios—, no es una fantasía vana, sino un problema que hay que ir resolviendo poco a poco, acercándonos con la mayor rapidez al fin apetecido, ya que el movimiento del progreso ha de ser, en lo futuro, más rápido y eficaz que en el pasado.

Respuesta a la pregunta:

¿QUÉ ES LA ILUSTRACIÓN?

(1784)

Traducción

Manuel García Morente

Respuesta a la pregunta: ¿Qué es la Ilustración?

La ilustración es la salida del hombre de su autoculpable minoría de edad. La minoría de edad significa la incapacidad de servirse de su propio entendimiento, sin la guía de otro. Uno mismo es culpable de esta minoría de edad cuando la causa de ella no reside en la carencia de entendimiento, sino en la falta de decisión y valor para servirse por sí mismo de él sin la guía de otro. ¡Sapere aude! ¡Ten valor de servirte de tu propio entendimiento! He aquí el lema de la ilustración.

La pereza y la cobardía con las causas de que una gran parte de los hombres permanezca, gustosamente, en minoría de edad a lo largo de la vida, a pesar de que hace ya tiempo la naturaleza los liberó de dirección ajena (naturaliter majorennes): y por eso es tan fácil para otros erigirse en sus tutores. ¡Es tan cómodo ser menor de edad! Si tengo un libro que piensa por mí, un director espiritual que reemplaza mi conciencia moral, un médico que me prescribe la dieta, etc, entonces no necesito esforzarme. Si puedo pagar, no tengo necesidad de pensar: otro asumirá por mi tan fastidiosa tarea. Aquellos tutores que tan bondadosamente han tomado sobre sí la tarea de supervisión se encargan ya de que el paso hacia la mayoría de edad, además de ser difícil, sea considerado peligrosos para la mayoría de los hombres (y entre ellos todo el bello sexo). Después de haber entontecido a sus animales domésticos, y procurar cuidadosamente que estas pacíficas criaturas no pueda atreverse a dar un paso sin las andaderas en que han sido encerrados, les muestran el peligro que les amenaza si intentan caminar solos. Lo cierto es que este peligro no es tan grande, pues ellos aprendería a caminar solo después de cuantas caídas: sin embargo, un ejemplo de tal naturaleza les asusta y, por lo general, les hace desistir de todo intento.

Por tanto, es difícil para todo individuo lograr salir de esa minoría de edad, casi convertida ya en naturaleza suya. Incluso le ha tomado afición y se siente realmente incapaz de valerse de su propio entendimiento, porque nunca se le ha dejado hacer dicho ensayo. Principios y formulas, instrumentos mecánicos de uso racional —o más bien abuso— de sus dotes naturales, son los grilletes de una permanente minoría de edad. Quien se desprendiera de ellos apenas daría un salto inseguro para salvar la más pequeña zanja, porque no está habituado a tales movimientos libres. Por eso, pocos son los que, por esfuerzo del propio espíritu, han conseguido salir de esa minoría de edad y proseguir, sin embargo, con paso seguro.

Pero, en cambio, es posible que el público se ilustre a sí mismo, algo que es casi inevitable si se le deja en libertad. Ciertamente, siempre se encontrarán algunos hombres que piensen por sí mismos, incluso entre los establecidos tutores de la gran masa, los cuales, después de haberse autoliberado del yugo de la minoría de edad, difundirán a su alrededor el espíritu de una estimación racional del propio valor y de la vocación de todo hombre a pensar por sí mismo. Pero aquí se ha de señalar algo especial: aquel público que anteriormente había sido sometido a este yugo por ellos obliga más tarde, a los propios tutores a someterse al mismo yugo; y esto es algo que sucede cuando el público es incitado a ello por algunos de sus tutores incapaces de cualquier Ilustración. Por eso es tan perjudicial inculcar prejuicios, pues al final terminan vengándose de sus mismos predecesores y autores. De ahí que el público pueda alcanzar sólo lentamente la Ilustración. Quizá mediante una revolución sea posible derrocar el despotismo, pero nunca se consigue la verdadera reforma del modo de pensar, sino que tanto los nuevos como los viejos prejuicios servirán de riendas para la mayor parte de la masa carente de pensamiento.

Pero para esta Ilustración únicamente se requiere libertad, y, por cierto, la menos perjudicial entre todas las que llevan ese nombre, a saber, la libertad de hacer siempre y en todo lugar uso público de la propia razón. Mas escucho exclamar por doquier: ¡No razonéis! El oficial dice: ¡No razones, adiéstrate! El funcionario de hacienda: ¡No razones, paga! El sacerdote: ¡No razones, ten fe! (Sólo un único señor en el mundo dice razonad todo lo que queráis, pero obedeced.) Por todas partes encontramos limitaciones de la libertad. Pero ¿qué limitación impide la Ilustración? Y, por el contrario, ¿cuál la fomenta? Mi respuesta es la siguiente: el uso público de la razón debe ser siempre libre; sólo este uso pueda traer Ilustración entre los hombres. En cambio, el uso privado de la misma debe ser a menudo estrechamente limitado, sin que ello obstaculice, especialmente, el progreso de la Ilustración. Entiendo por uso público de la propia razón aquél que a alguien hace de ella en cuanto docto (Gelehrter) ante el gran público del mundo de los lectores. Llamo uso privado de la misma a la utilización que le es permitido hacer de un determinado puesto civil o función pública. Ahora bien, en algunos asuntos que transcurren en favor del interés público se necesita cierto mecanismo, léase unanimidad artificial en virtud del cual algunos miembros del estado tiene que comportarse pasivamente, para que el gobierno los guíe hacia fines públicos o, al menos, que impida la destrucción de estos fines. En tal caso, no está permitido razonar, sino que se tienen que obedecer, en tanto que esta parte de la máquina es considerada como miembro de la totalidad de un Estado o, incluso, de la sociedad cosmopolita y, al mismo tiempo, en calidad de docto que, mediante escritos, se dirige a un público usando verdaderamente su entendimiento, puede razonar, por supuesto, sin que por ello se vean afectados los asuntos en los que es utilizado, en parte, como miembro pasivo. Así, por ejemplo, sería muy perturbador si un oficial que recibe una orden de sus superiores quisiere argumentar en voz alta durante el servicio acerca de la pertinencia o utilidad de al orden; él tiene que obedecer. Sin embargo, no se le puede prohibir con justicia hacer observaciones, en cuanto docto, acerca de los defectos del servicio militar y exponerlos ante el juicio de su público. El ciudadano no se puede negar a pagar los impuestos que le son asignados; incluso una mínima crítica a tal carga, en el momento en que debe pagarla, puede ser castigada como escándalo (pues podría dar ocasión de desacatos generalizados). Por el contrario, él mismo no actuará en contra del deber de un ciudadano si, como docto, manifiesta públicamente su pensamiento contra la inconveniencia o injusticia de tales impuestos. Del mismo modo, un sacerdote está obligado a enseñar a sus catecúmenos y a su comunidad según el símbolo de la iglesia a la que sirve, puesto que ha sido admitido en ella bajo esa condición. Pero, como docto, tiene plena libertad e, incluso, el deber de comunicar al público sus bienintencionados pensamientos, cuidadosamente examinados, acerca de los defectos de ese símbolo, así como hacer propuestas para el mejoramiento de las instituciones de la religión y de la iglesia. Tampoco aquí hay nada que pudiera ser un cargo de conciencia, pues lo que enseña la virtud de su puesto como encargado de los asuntos de la iglesia lo presenta como algo que no puede enseñar según prescripciones y en nombre de otro. Dirá: nuestra iglesia enseña esto o aquello, éstas son las razones fundamentales de las que se vale. En tal caso, extraerá toda la utilidad práctica para su comunidad de principios que él mismo no aceptará con plena convicción; a cuya exposición, del mismo modo, puede comprometerse, pues no es imposible que en ellos se encuentre escondida alguna verdad que, al menos, en todos los casos no se halle nada contradictorio con la religión íntima. Si él creyera encontrar esto último en la verdad, no podría en conciencia ejercer su cargo; tendría que renunciar. Así pues, el uso que un predicador hace de su razón ante su comunidad es meramente privado, puesto que esta comunidad, por amplia que sea, siempre es una reunión familiar. Y con respecto a la misma él, como sacerdote, no es libre, ni tampoco le está permitido serlo, puesto que ejecuta un encargo ajeno. En cambio, como docto que habla mediante escritos al público propiamente dicho, es decir, al mundo; el sacerdote, en el uso público de su razón, gozaría de una libertad ilimitada para servirse de ella y para hablar en nombre propio. En efecto, pretender que los tutores del pueblo (en asuntos espirituales) sean otra vez mentores de edad constituye un despropósito que desemboca en la eternización de insensateces.

Pero, ¿no debería estar autorizada una sociedad de sacerdotes, por ejemplo, un sínodo de la iglesia o una honorable *classis* (como la llaman los holandeses) a comprometerse bajo juramento entre sí a un cierto símbolo inmutable para llevar a cabo una interminable y suprema tutela sobre cada uno de sus miembros y, a través de estos, sobre el pueblo, eternizándola de este modo? Afirmo que esto es absolutamente imposible. Un contrato semejante, que excluiría para siempre toda ulterior Ilustración del género humano, es, sin más, nulo y sin efecto, aunque fuera confirmado por el poder supremo, el congreso y los más solemnes tratados de paz. Una época no puede obligarse ni juramente para colocar a la siguiente en una situación tal que le sea imposible ampliar sus conocimientos (sobre todo los muy urgentes), depurarlos de errores y, en general, avanzar en la Ilustración. Sería un crimen contra la naturaleza humana, cuyo destino primordial consiste, justamente, en ese progresar. Por tanto, la posteridad está plenamente autorizada para rechazar aquellos acuerdos, aceptados de forma incompetente y ultrajante. La piedra de toque de todo lo que puede decidirse como ley para un pueblo reside en la siguiente pregunta: ¿podría un pueblo imponerse así mismo semejante ley? Esto sería posible si tuviese la esperanza de alcanzar, en corto y determinado tiempo, una ley mejor para introducir un nuevo orden, que, al mismo tiempo, dejara libre a todo ciudadano, especialmente a los sacerdotes, para, en cuanto doctos, hacer observaciones públicamente, es decir, por escrito, acerca de las deficiencias de dicho orden. Mientras tanto, el orden establecido tiene que perdurar, hasta que la comprensión de la cualidad de estos asuntos se hubiese extendido y confirmado públicamente, de modo que mediante un acuerdo logrado por votos (aunque no de todos) se pudiese elevar al trono una propuestas para proteger aquellas comunidades que se han unido para una reforma religiosa, conforme a los conceptos propios de una comprensión más ilustrada, sin impedir que los que quieran permanecer fieles a la antigua lo hagan así. Pero es absolutamente ilícito ponerse de acuerdo sobre una constitución religiosa inconmovible, que públicamente no debería ser puesta en duda por nadie, ni tan siquiera por el plazo de duración de una vida humana, ya que con ello se destruiría un período en la marcha de la humanidad hacia su mejoramiento y, con ello, lo haría estéril y nocivo. En lo que concierne a su propia persona, un hombre puede eludir la Ilustración, pero sólo por un cierto tiempo en aquellas materias que está obligado a saber, pues renunciar a ella, aunque sea en pro de su persona, y con mayor razón todavía para la posteridad, significa violar y pisotear los sagrados derechos de la humanidad. Pero, si a un pueblo no le está permitido decidir por y para sí mismo, menos aún lo podrá hacer un monarca en nombre de aquél, pues su autoridad legisladora descansa, precisamente, en que reúne la voluntad de todo el pueblo en la suya propia. Si no pretende otra cosa que no sea que toda real o presunta mejora sea compatible con el orden ciudadano, no podrá menos que permitir a sus súbditos que actúen por sí mismos en lo que consideran necesario para la salvación de sus almas. Esto no le concierne al monarca; sí, en cambio, el evitar que unos y otros se entorpezcan violentamente en el trabajo para su promoción y destino según todas su capacidades. El monarca agravia su propia majestad su se mezcla en estas cosas, en tanto que somete a su inspección gubernamental los escritos con que los súbditos intentan poner en claro sus opiniones, a no ser que lo hiciera convencido de que su opinión es superior, en todo caso se expone al reproche *Caesar no est supra Grammaticos*, o bien que rebaje su poder supremo hasta el punto de que ampare dentro de su Estado el despotismo espiritual de algunos tiranos contra el resto de los súbitos.

Si nos preguntamos si vivimos ahora en una época ilustrada, la respuesta es no, pero sí en una época de Ilustración. Todavía falta mucho para que los hombres, tal como están las cosas, considerados en su conjunto, puedan ser capaces o estén en situación de servirse bien y con seguridad de su propio entendimiento sin la guía de otro en materia de religión. Sin embargo, es ahora cuando se les ha abierto el espacio para trabajar libremente en este empeño, y percibimos inequívocas señales de que disminuyen continuamente los obstáculos para una Ilustración general, o para la salida de la autoculpable minoría de edad. Desde este punto de vista, nuestra época es el tiempo de la Ilustración o el siglo de Federico.

Un príncipe que no encuentra indigno de sí mismo declarar que considera como un deber no prescribir nada a los hombres en materia de religión, sino que les deja en ello plena libertad y que incluso rechaza el pretencioso nombre de tolerancia, es un príncipe ilustrado y merece que el mundo y la posteridad lo ensalcen con agradecimientos. Por lo menos, fue el primero que desde el gobierno sacó al género humano de la minoría de edad, dejando a cada uno la libertad de servirse de su propia razón en todas las cuestiones de conciencia moral. Bajo el gobierno del príncipe, dignísimos clérigos –sin perjuicios de sus deberes ministeriales– pueden someter al examen del mundo, en su calidad de doctos, libre y públicamente, aquellos juicios y opiniones que en ciertos puntos se desvían del símbolo aceptado; con mucha mayor razón esto lo pueden llevar a cabo los que no están limitados por algún deber profesional. Este espíritu de libertad se expande también exteriormente, incluso allí donde debe luchar contra obstáculos externos de un gobierno que equivoca su misión. Este ejemplo nos aclara cómo, en régimen de libertad, no hay que temer lo más mínimo por la tranquilidad pública y la unidad del Estado. Los hombres salen gradualmente del estado de rusticidad por su propio trabajo, siempre que no se intente mantenerlos, adrede y de modo artificial, en esa condición.

Ha situado el punto central de la Ilustración, a saber, la salida del hombre de su culpable minoría de edad, preferentemente, en cuestiones religiosas, porque en lo que atañe a la artes y las ciencias nuestros dominadores no tienen ningún interés en ejercer de tutores sobre sus súbditos. Además, la minoría de edad en cuestiones religiosas es, entre todas, la más perjudicial y humillante. Pero el modo de pensar de un jefe de Estado que favorece esta libertad va todavía más lejos y comprende que, incluso en lo que se refiere a su legislación, no es peligroso permitir que sus súbditos hagan uso público de su propia razón y expongan públicamente al mundo sus pensamientos sobre una mejor concepción de aquella, aunque contenga una franca crítica de la existente. También en esto disponemos de un brillante ejemplo, pues ningún monarca se anticipó al que nosotros honramos.

Pero sólo quien por ilustrado no teme a las sombras y, al mismo tiempo, dispone de numeroso y disciplinado ejército, que garantiza a los ciudadanos una tranquilidad pública, puede decir lo que ningún Estado libre se atreve a decir: ¡Razonad todo lo que queráis y sobre lo que queráis, pero obedeced! Se muestra aquí un extraño e inesperado curso de las cosas humanas, pues sucede que, si lo consideramos con detenimiento y en general, entonces caso todo en él es paradójico. Un mayor grado de libertad ciudadana parece ser ventajosa para la libertad del espíritu del pueblo y, sin embargo, le fija barreras infranqueables. En cambio, un grado menos de libertad le procura el ámbito necesario para desarrollarse con arreglo a todas sus facultades. Una vez que la naturaleza, bajo esta dura cáscara, ha desarrollado la semilla que cuida con extrema ternura, es decir, la inclinación y vocación al libre pensar; este hecho repercute gradualmente sobre el sentir del pueblo (con lo cual éste se va haciendo cada vez más capaz de la libertad de actuar) y, finalmente, hasta llegar a invadir a los principios del gobierno, que se encuentra ya posible tratar al hombre, que es algo más que una máquina, conforme a su dignidad.